JN222958

シニアの命と財産を守る 実家の防犯 110のコツ

日本防犯学校学長 梅本正行
日本防犯学校副学長 桜井礼子
監修

ナツメ社

はじめに

次に狙われるのはあなたかも！自分を守れるのは自分しかいない

日本は、諸外国に比べると凶悪事件の発生率が少ないため、治安がよく、安全な国だと言われていました。しかし、そんな時代は終わろうとしているかのように、連続強盗事件や特殊詐欺事件が頻繁に起こり、メディアを賑わせています。凶悪事件が少ないだけで、窃盗・強盗、襲撃、詐欺などの犯罪は、年間で約75万件も起こっているのです。

また、警察によって発表されている犯罪の認知件数は、あくまでも被害届の提出された数。しかし、警察に被害届を出すのは被害者のおよそ半数ほどと言われています。実は認知件数より多くの犯罪がこの日本で起こっているのです。つまり、いつ事件に巻き込まれてもおかしくありません。

警察庁の調べによると「ここ10年での体感治安が悪くなった」と答えた人は、2021年には30％ほどだったのが、2022年には約67％に急増しています。闇バイトによる事件が報道される機会も増え、多くの人が「世の中、物騒になってきたな」と感じていることがわかります。

　今の社会の風潮を表す「今だけ、金だけ、自分だけ」という言葉があります。今だけよければいい、金だけ手に入ればいい、自分だけよければいい、そんな心を持っていれば詐欺や強盗に手を染めようという考えに至っても不思議ではありません。この「3だけ主義」の蔓延が本当に身勝手な心理で犯罪に手を染める人を増やし、このように体感治安が悪くなる時代になってしまっ

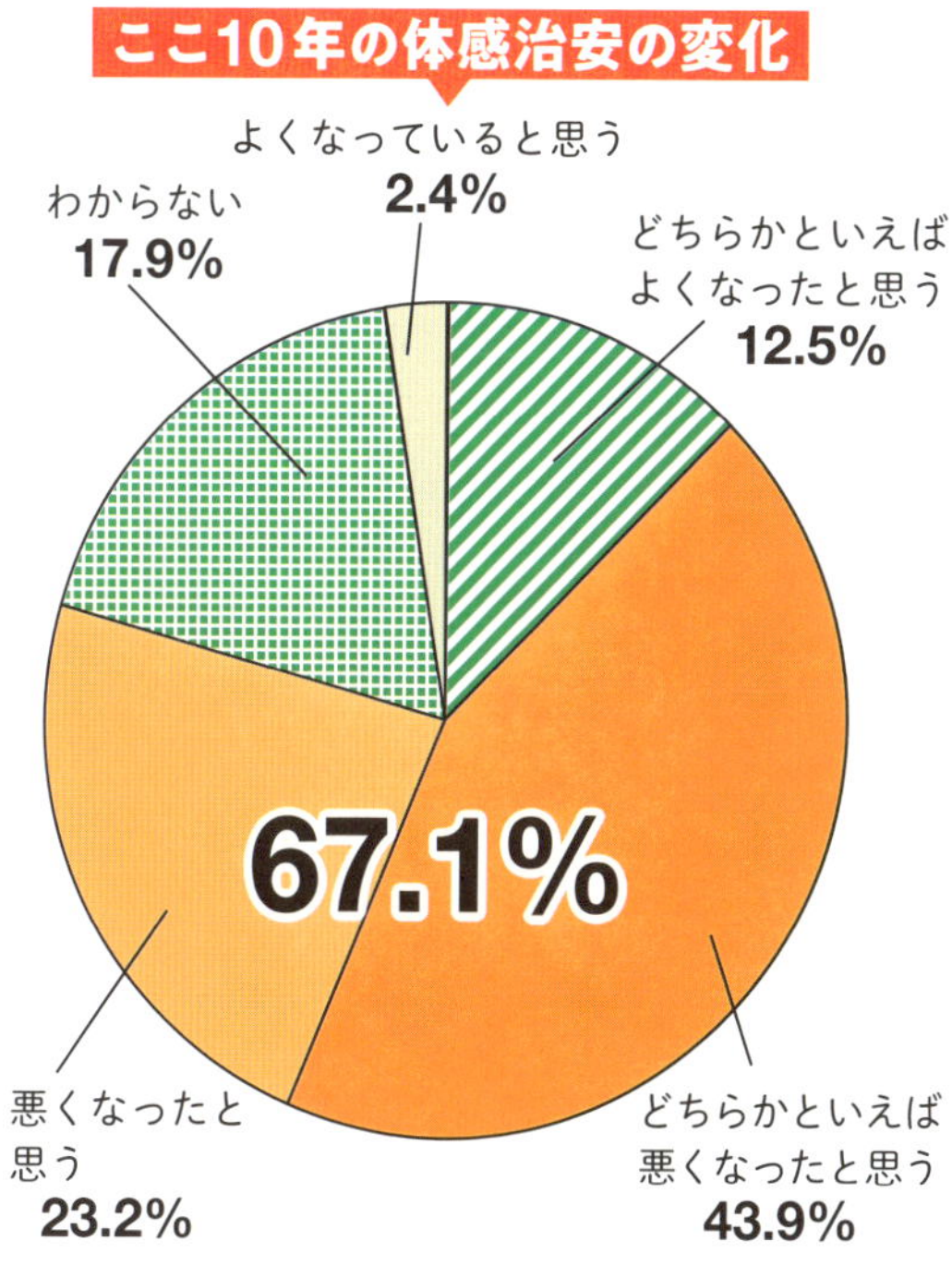

出典：警察庁「令和４年の犯罪情勢」より作成
※四捨五入のため、合計 100%にはならない

たのだと、私たちは考えています。
強盗事件や詐欺事件の犯罪者が狙っているものは、「お金と財産」。なかでも高齢者をターゲットにしていることが多く、「自分だけは大丈夫」「自分に限ってありえない」と思っているあなたこそ、次に狙われる可能性があるので、かなり危険です。犯罪者は社会に紛れ、ターゲットにする人を虎視眈々《こしたんたん》と狙っています。

犯罪被害に遭った高齢者の多くが、「まさか自分が被害に遭うなんて思わなかった」と、口を揃えて言います。「今まで被害に遭わなかったから大丈夫だ」という根拠のない自信が防犯対策を始める一歩を遠ざけてしまっています。

インターネットやスマホの普及で便利な世の中になった反面、それらを使った巧妙な犯罪が増えているのも事実。犯罪はますます凶悪化しているの

で、そのためにしっかりとした「防犯のコツ」を身につけ、自分の身は自分で守るしかないのです。

私たちが主催する日本防犯学校では、そんな「防犯のコツ」を実際の事件現場を検証しつつ、日々研究してきました。多くの犯罪事件の裁判も公聴し、そこからわかったあらゆる知識をみなさんに広めたいと思っています。

社会が変わってきている今の時代だからこそ、最新事件の実情を知り、正しい防犯知識を持って、危機管理をすることが何より大切です。犯罪者の心理を知ったうえで、「この家には入りたくない」「この家は入りにくい」「この人は諦めよう」と思わせるのが防犯のポイントです。

あなたとあなたの大切な人の命と財産を守るために、ぜひ「防犯のコツ」を学びましょう。ぜひこの本をあなたと大切な人が、少しでも安心して暮らせるように活用していただきたいと思います。

日本防犯学校　学長　**梅本正行**
副学長　**桜井礼子**

＼＼あなたの家がターゲット!! ／／

狙われる環境のお家チェック

あなたの家の犯罪被害危険度を調べます。左ページのチェック項目の□にいくつチェックがつくか☑を入れてみましょう。多ければ多いほど、犯罪被害危険度は高いです。それぞれの問題点・解決策については、本書の中で解説していきます。

5個以上チェックがついたら犯罪被害に遭う危険度大!!

CHECK 1 公園や広場から玄関が見える家である …… □
CHECK 2 鉄道沿線に家がある …… □
CHECK 3 県境・市境に家がある …… □
CHECK 4 高速道路のインターチェンジが家から近い …… □
CHECK 5 ターミナル駅が家から近い …… □
CHECK 6 大型商業施設が家から近い …… □
CHECK 7 戸建てと集合住宅が混在している地域である …… □
CHECK 8 公営競技場（ギャンブル場）が家から近い …… □
CHECK 9 夜間、街灯が少なく暗い地域である …… □
CHECK 10 幹線道路から一本入った道沿いに家がある …… □
CHECK 11 家が空き家・空き地に隣接している …… □
CHECK 12 家が神社やお寺に隣接している・近い …… □
CHECK 13 家が有料駐車場（月極駐車場含む）に隣接している …… □
CHECK 14 新興住宅地である …… □
CHECK 15 高級住宅地にある …… □
CHECK 16 角地に建っている …… □
CHECK 17 通り（外）から家の敷地内が見えない …… □
CHECK 18 家の敷地内が暗い …… □
CHECK 19 誰でも簡単に家の敷地内に入れる …… □
CHECK 20 インターホンが玄関の横にある …… □

それぞれの理由はP.8へ

合計 □ 点

あなたのお家が狙われる理由

CHECK 1 公園や広場から玄関が見える家である

公園から見える家の犯罪被害件数は、実は多い。公園は犯行の下見がしやすく、その家の家族構成や行動パターンを把握しやすい。無施錠で出かけるところも見える。

➡詳細はP.42へ

CHECK 2 鉄道沿線に家がある

鉄道沿線の家は、電車の走行音がうるさいので、犯人が窓ガラスを割っても気づかれにくい。また、線路側だからと安心して、鍵をかけていない家が多い。

➡詳細はP.38へ

CHECK 3 県境・市境に家がある

自治体ごとに警察の管轄が変わるので、犯行を犯した場所と管轄の異なる地域へ逃げれば、捕まりにくい。つまり、警察官が犯罪者を追いかけにくい場所である。

➡詳細はP.52へ

CHECK 4 高速道路のインターチェンジが家から近い

車を使って犯行におよぶ犯人にとって、ICの近くは移動しやすく、逃げやすい。犯罪者の間に「ヒットアンドアウェイ（一撃離脱）」という言葉があるほど。

➡詳細はP.52へ

CHECK 5 ターミナル駅が家から近い

複数の路線が乗り入れるターミナル駅周辺は、犯行後に多方向へ逃げられるルートがあり、犯人にとって都合のよい立地。人混みに紛れることもできる。

➡詳細はP.52へ

CHECK 6 大型商業施設が家から近い

多くの人が集まる大型商業施設の近くは、他県や他地域ナンバーの車が多く、不審車両だと気づかない。また、不審者にも不審車両にも鈍感であることが多い。

➡詳細はP.60へ

CHECK 7 戸建てと集合住宅が混在している地域である

戸建ての住宅エリアは顔見知りの関係性が多い。しかし、その住宅地に新しく集合住宅ができると、知らない顔が増え、不審者がいても気づきにくい環境になる。

➡詳細はP.61へ

CHECK 8 公営競技場(ギャンブル場)が家から近い

犯罪者はギャンブル好きが多く、負けてしまっても強盗に入れば簡単に負けを取り返せると考えていることも。よって、公営競技場の近くは実は犯罪被害が多い。

CHECK 9 夜間、街灯が少なく暗い地域である

街灯がなかったところに、急に街灯が取りつけられた場所は要注意。痴漢やひったくり、何かの犯罪が起こったから、街灯がついたと考えるべき。

➡詳細はP.113へ

CHECK 10 幹線道路から一本入った道沿いに家がある

国道や県道、市道から一本入った道沿いの家は狙われやすい。以前は「泥棒銀座」「泥棒道」と呼ばれ、車で来て荒らして逃げる、犯人の通り道だった。

➡詳細はP.52へ

CHECK 11 家が空き家・空き地に隣接している

空き家や空き地は夜になると暗く、昼間でもその方向からガラスを割って侵入しても気づかれにくい。犯人にとって無人の建物は姿を隠すのにちょうどよい場所に。

➡詳細はP.59へ

CHECK 12 家が神社やお寺に隣接している・近い

神社やお寺は、大型商業施設同様、住人以外の人がいても不審者に思われにくい。また、夜になると暗いことが多く、逃げ隠れしやすい環境である。

➡詳細はP.52へ

CHECK 13 家が有料駐車場(月極駐車場含む)に隣接している

月極駐車場やコインパーキングは暗く、不審車両が停まっていてもわからない。塀に囲まれていることが多いので、駐車場側から民家に侵入されても気づきにくい。

➡詳細はP.52へ

CHECK 14 新興住宅地である

新しく移り住んできた人の多い地域なので、互いに面識がなく、地域コミュニティがまだできてないことが多い。犯罪者にとっては、徘徊しやすい土地である。

➡詳細はP.52へ

CHECK 15 高級住宅地にある

高級住宅地、リゾート地など、いかにもお金を持っていそうなエリアは、特に狙われやすい。留守にしがちで、高級車が置いている家は、要注意。

➡詳細はP.59へ

CHECK 16 角地に建っている

人通りの多い道路の角地にある家は、犯行の下見にうってつけ。家の様子を多方向から観察できるうえに、見通しがよいので、どこからでも侵入できて逃げやすい。

➡詳細はP.52へ

CHECK 17 通り(外)から家の敷地内が見えない

高い塀や高い生け垣などで囲まれている家は、要注意。犯罪者が一歩敷地内に入ると、外から見られる心配がないので、犯罪を犯しやすい環境になる。

➡詳細はP.46へ

CHECK 18 家の敷地内が暗い

日没後は犯罪率の上がる時間。人に見られにくくなるので、犯人にとって都合がよい。家の敷地内は見通しをよく、明るくしておいたほうが、犯罪被害に遭いにくい。

➡詳細はP.44へ

CHECK 19 誰でも簡単に家の敷地内に入れる

門扉がない、または門扉に鍵がかかっていない家は、誰でも敷地内に簡単に入れる環境である。犯罪者にも「どうぞ侵入してください」と言っているようなものだ。

➡詳細はP.58へ

CHECK 20 インターホンが玄関の横にある

敷地の内側、玄関の横にインターホンがある家が多い。玄関横にインターホンがあると、訪問者は敷地内に侵入する必要がある。不法侵入を問うことができなくなる。

➡詳細はP.58へ

もくじ

第3章

詐欺に遭わないためのコツ

第4章 家庭での事故を防ぐコツ

第5章 外出先での事件・事故を防ぐコツ

本書の見方

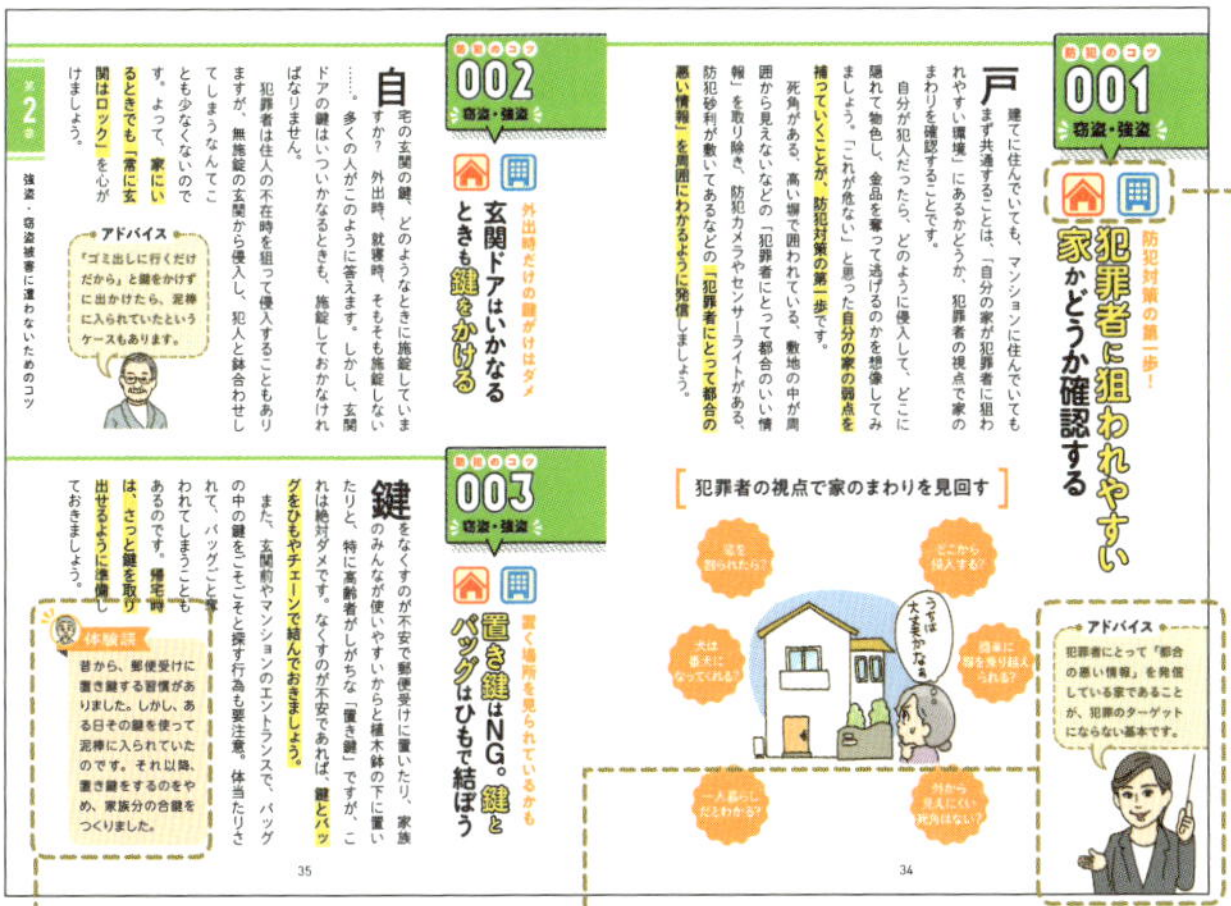

戸建て

マンション

第２章の数字の下のアイコンは、「戸建て」と「マンション」に分けて解説しています。該当するほうを確認してください。

体験談

高齢者が実際に体験したことを紹介しています。

アドバイス

梅本先生、桜井先生、国崎先生からのワンポイントアドバイスを紹介しています。

登場人物の紹介

本書は主人公の夫婦が日本防犯学校の先生などに出会うことで、防犯知識を増やしながら、 老後生活を安心して暮らす物語です。

ゴン

夫婦の家で飼っているダックスフント。

おじいちゃん

本書の主人公の夫。老後生活満喫中。少しおっちょこちょい。

おばあちゃん

本書の主人公。防犯意識は低め。ゴンの散歩が日課。楽観的な性格。

なっちゃん、かなちゃん

おばあちゃんの友だち。おしゃべりが大好き。

ゆうか

みさとの子ども。保育園に通っている。

みさと

夫婦の長女。保険会社に勤務。1児の母。

たかし

夫婦の長男。お菓子メーカーに勤務。1児の父。

国崎先生

危機管理アドバイザー。防災・防犯・事故防止対策を広めている。

桜井先生

日本防犯学校の副学長。日本初の女性防犯アナリスト。

梅本先生

日本防犯学校の学長。防犯対策のプロ。多くの事件現場を検証。

第1章

事件・事故に遭う高齢者が増加

事件や事故の被害に遭ったことがありますか？
実は、近年これらの被害に遭う高齢者が
増加しています。なぜなのでしょうか。

「私は平気！大丈夫！」
という自信が一番危ない!!

「この町は昔から犯罪なんて起こったことないから大丈夫よ」

ごめんごめん
雨降りそうだったから
レインコート着て
きたのよ
ハイゴボウ
おすそ分け
なっちゃん！
も～
おどかさ
ないでよ
あ…
ありが
とう…
かなちゃんは
まだ？
もうすぐ
来ると
思うわ
あ、
ホラ
ピンポーン
ぎゃー
不審者！
ごめんごめん
ごめんごめん
花粉症だから
完全防備で
きたのよ
コレは
ふ菓子
それにしても
ゴンってば
全然番犬して
くれないのね
まぁまぁ
お茶会
始めましょうよ
ああ！
そういえば
宅配便を
お願いしてたん
だった…
ピンポーン

今開けま～
ガチャ
開けちゃだめー！
不正解!!
ドーーン
どなたー!!?
玄関チャイムがなったからといってすぐにドアを開けるのはNGです
N G
訪ねてきた人が誰かも確認せずに、多くの人がいきなりドアをガチャッと開けるんですよ
こんなこともあったんですよ
ピンポーン
宅配便です！
はーい
無防備に開けたドアの前には…

包丁を持った
犯人が…!!
ぎゃー
怖い!
玄関はいきなり
開けない!
インターホンだけで
信用しないことです!
インターホンを
見てからも
ダメなの?
じゃあ
どうしたら…?
それでは
正しい防犯対策を
学んで
行きましょう!
GO!

犯罪件数は減っているのに高齢者の財産と命を狙う犯罪は増加中

警察庁の統計によると、この20年間で犯罪件数は右肩下がりですが、高齢者を狙った窃盗や強盗、詐欺、置き引き・すり、ひったくりなどの犯罪被害の割合は増え続けています。

特に狙われやすいのが、一人暮らしの高齢者や高齢者世帯。一人住まいの家や高齢者世帯を探してターゲットにし、実行犯として闇バイトで雇われた人が、住宅に侵入して金品を奪う事件が度々ニュースで報道されています。また、振り込め詐欺や還付金詐欺、架空請求詐欺、悪質な訪問販売、電話勧誘による被害も少なくないのです。しかも、財産などの金品が被害に遭うのであればまだしも、犯人と鉢合わせしてしまったときには、命をも奪われる危険性さえあるのです。

そこで少しでも犯罪被害に遭わないようにするのが、私たち日本防犯学校がすすめる「防犯生活」。生活を少しだけ顧みて、少し変えるだけで、犯罪者を引き寄せない暮らしを目指すのです。

例えば、「ドアには必ず鍵をかける」「大金を持ち歩かない」「他人を家に招き入れない」「知らないメールは開けない」など、今までの**日常生活にほんの少し「防犯の視点」を取り入れるだけで、グンと危機意識が変わります**。

自分の暮らす地域は今まで犯罪被害が少ないから大丈夫だと過信せず、日頃から防犯意識を持つことが大切なのです。生活に「防犯のコツ」を取り入れ、被害者と犯罪者を減らす社会をつくっていきましょう。

犯罪件数と高齢者の被害割合

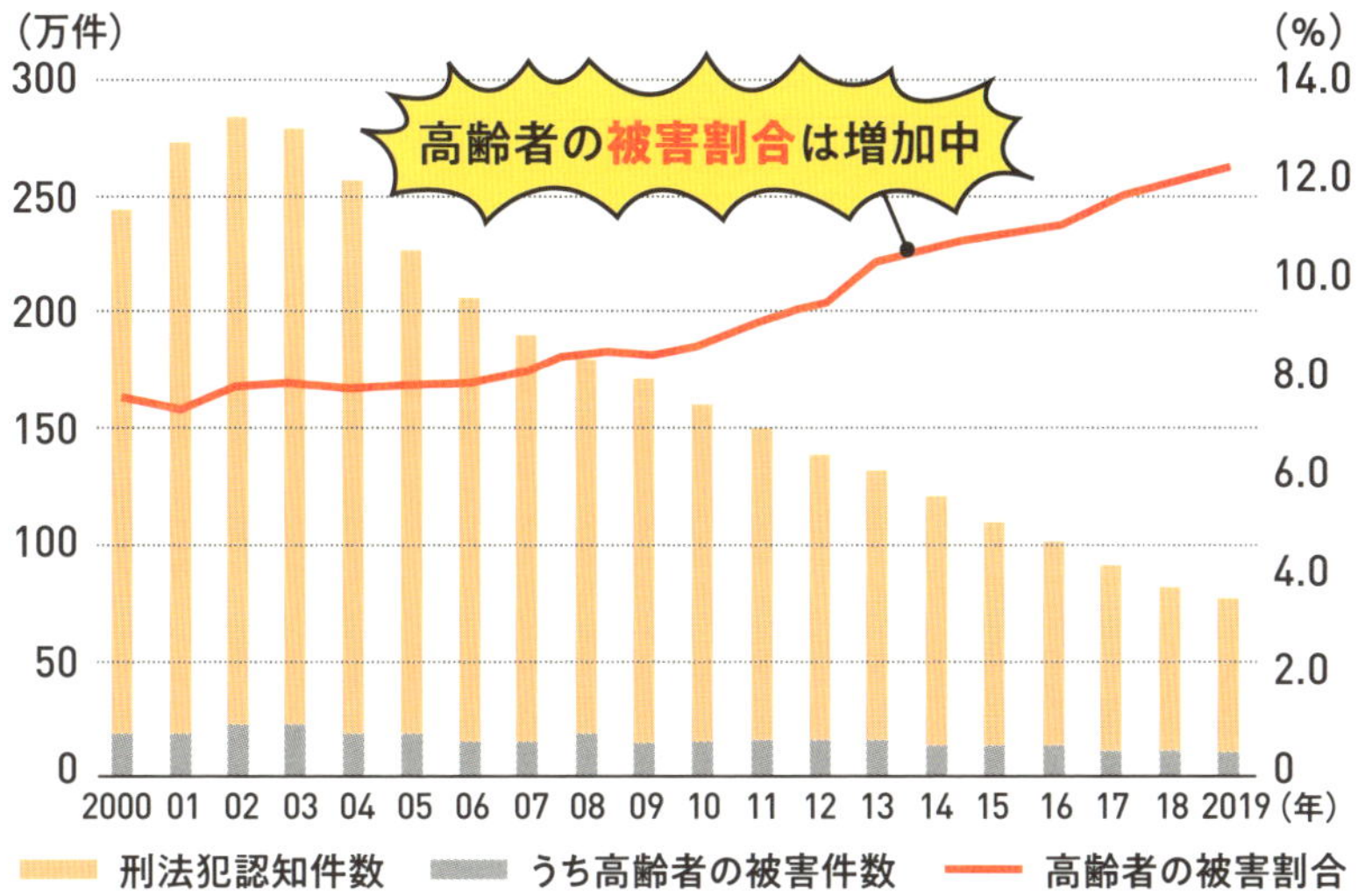

出典：警察庁「特集 高齢化の進展と警察活動」より作成

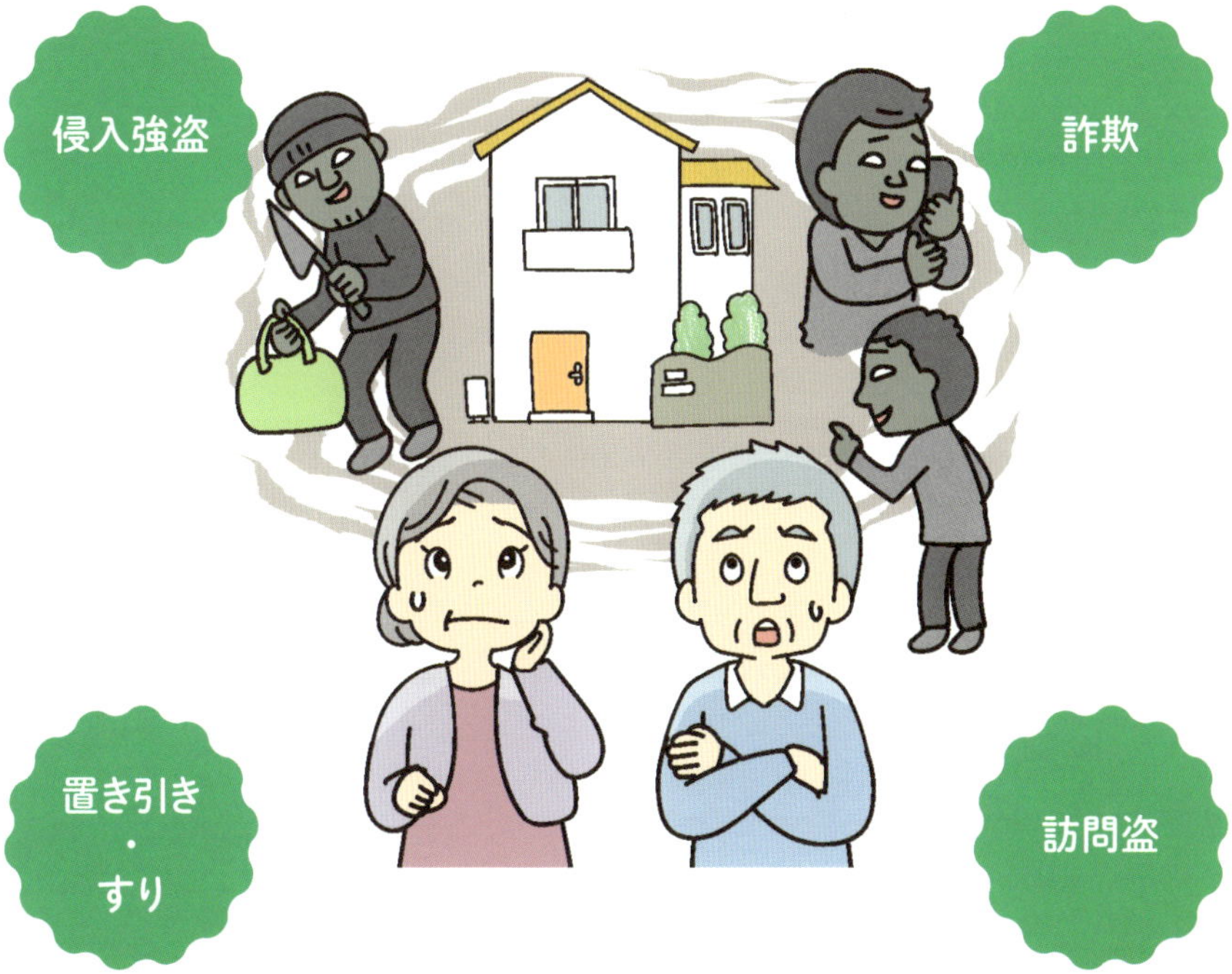

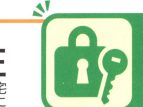

侵入犯罪の被害に遭った家の半数は「鍵のかかってない家だった」

住宅にまつわる犯罪には、「空き巣：人のいない家に入る泥棒」「居《い》空《あ》き：生活中に入る泥棒」「忍び込み：人が寝ているときに入る泥棒」の3つがあります。金品だけを盗むのであれば「窃盗」、人を脅したり殴ったり傷つけたりして盗むと「強盗」と呼ばれます。侵入盗《しんにゅうとう》で一番多いのは空き巣、次が忍び込みです。

空き巣の被害に遭う家は、侵入しやすそうな戸建てをイメージする人が多いですが、**空き巣被害の約4分の1はマンションやアパートなどの集合住宅**です。しかも、4階建て以上の中高層マンションでも空き巣は頻発しています。つまり、1階ではないからと、安心はできません。

このような侵入犯罪に遭った半数の家には共通点があります。それは**「鍵のかけ忘れ（無締まり）」**。とにかく犯罪者の**ターゲットになりやすいのは、無施錠の家**なのです。警察庁のデータによると、2022年の侵入窃盗件数のうち、戸建てでは51・2％、集合住宅（3階建て以上）でも51・5％、集合住宅（4階建て以上）は40・6％と、半数近くが無締まり（鍵のかけ忘れ）が原因です。

マンションにオートロックがついていたり、玄関や窓に鍵があっても、鍵をかけていないのでは、まったく意味がありません。ゴミ捨てやちょっとした買い物のときでも、鍵があるところはすべて施錠しましょう。

また、「居空き」という犯罪がある以上、**在宅中であってもドアや窓の鍵を締めることは必須**なのです。

侵入窃盗の侵入手口（2022年）

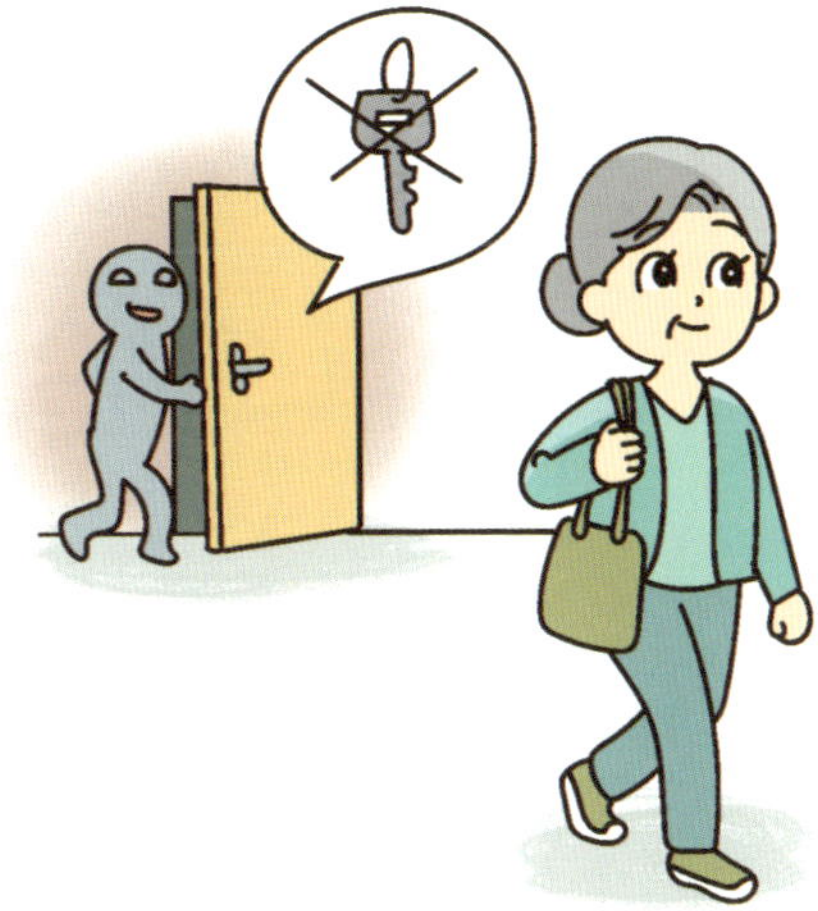

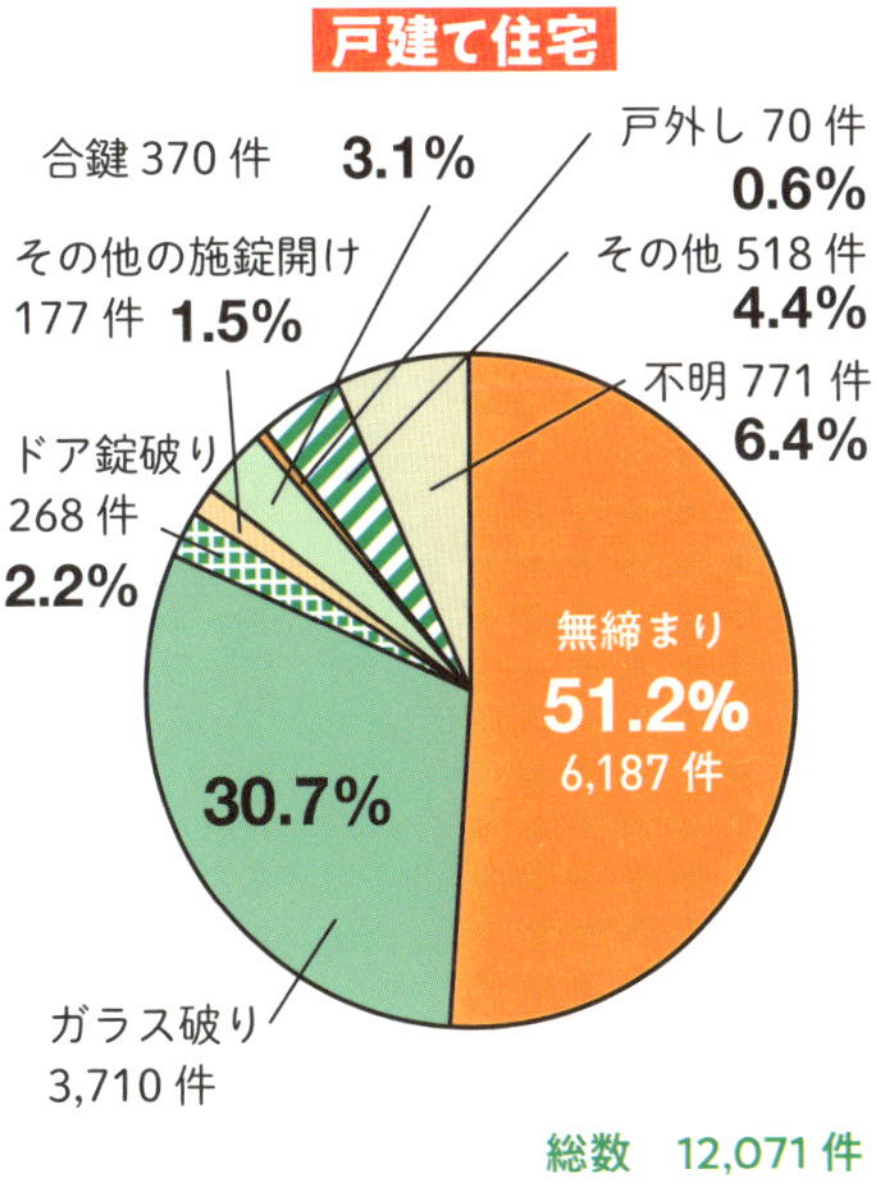

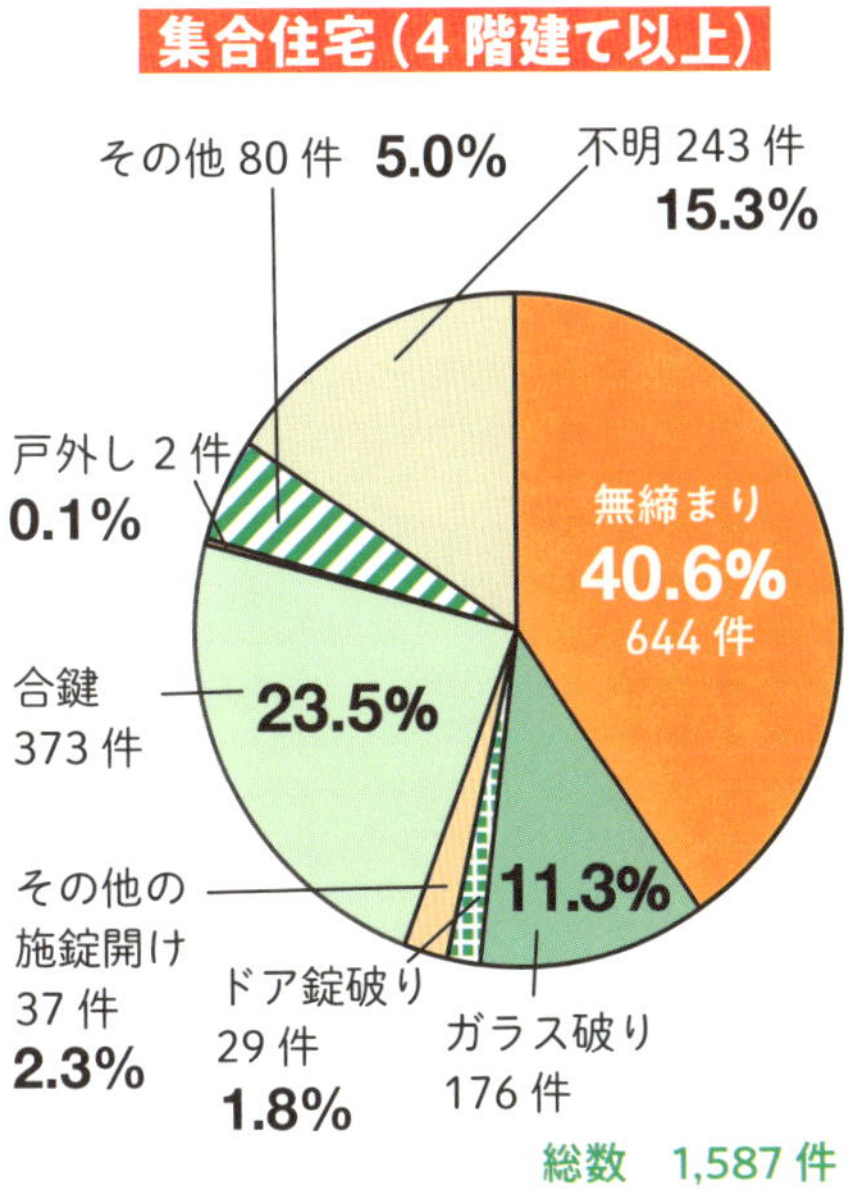

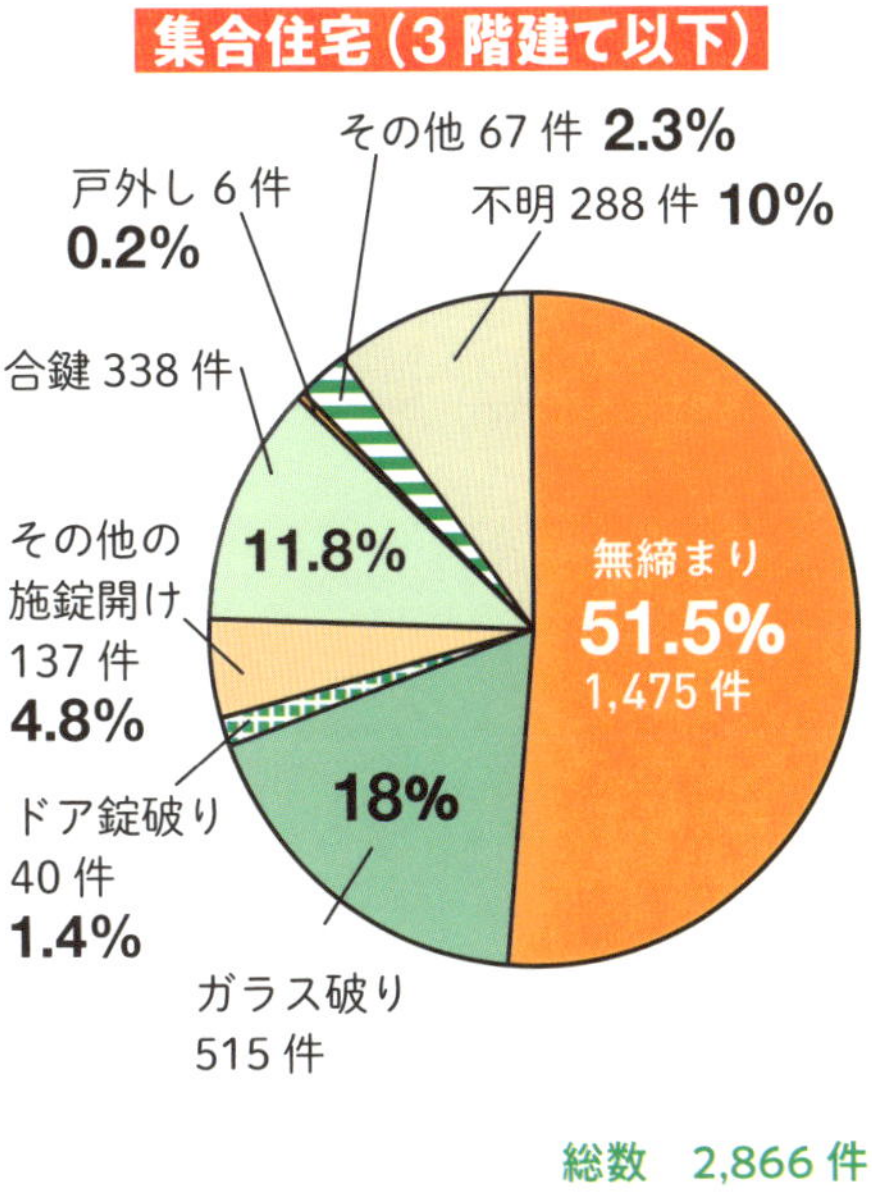

出典：警察庁「住まいる防犯 110 番」より作成

次から次に生まれる「特殊詐欺」の新たな手法

近年、世間を騒がせている犯罪が、孫や子どもを装いトラブルに巻き込まれたことを理由にお金を騙し取る「振り込め詐欺」や、公的機関からの入金があるとATMを操作させる「還付金詐欺」などを代表とする「特殊詐欺」です。

特殊詐欺は面識のない不特定多数の人に対して、電話やインターネットを使って金品を騙し取る手口が主流になっています。また、その手口は年々と巧妙になり、さまざまな手段を駆使して被害者を増やしています。2022年には年間で1万7570件の認知件数があり、被害総額は370億円を超えているのです。

詐欺の被害に巻き込まれないようにするには、最新の手口についての情報を集めることが大切なのです。

特殊詐欺の認知件数（2022年）

件数 17,570件

被害額 370.8億円

うち、首都圏の被害は

東京都	3,218件
神奈川県	2,090件
大阪府	2,064件
千葉県	1,457件
埼玉県	1,387件
兵庫県	1,074件
愛知県	980件

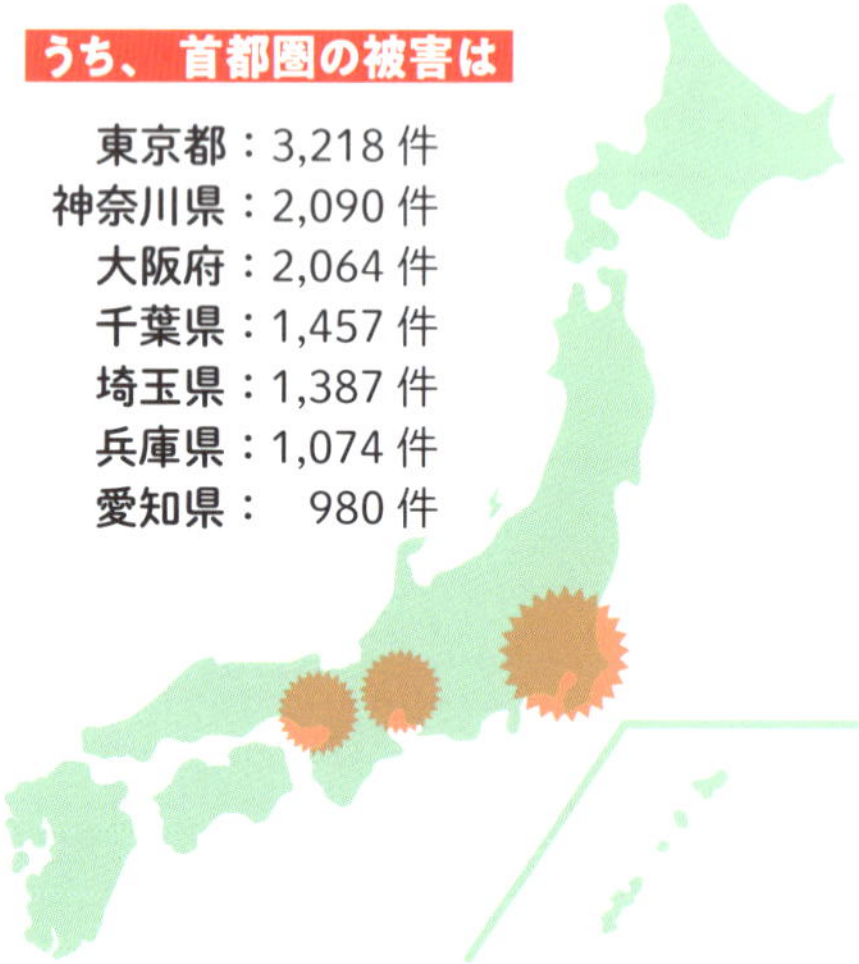

出典：警察庁「令和４年における特殊詐欺の認知・検挙状況等について」より作成

自宅でのうっかりが重大な事故につながることもある

窃盗や強盗、詐欺以外に、高齢者が遭いやすいのが、**うっかりしたことで起こる不慮の事故**です。

実は交通事故などよりも、「段差でつまづいて転倒」「階段の踏み外しによる転落」「食べ物を誤嚥《ごえん》した際の窒息」「入浴中のヒートショックによる心筋梗塞での溺水」「エアコンをつけずに熱中症を起こす」など、なにげない日常の中で起こり、死亡に至る件数のほうが遥かに多いのです。

加齢に伴い、体力や認知能力、判断力が低下するのは避けられませんが、**「うっかり」や「まさか」の出来事は対策をしっかりとれば、防ぐことができます**。体の衰えの兆候を見逃さず、自分自身の体と向き合ってできるだけ早く予防策を講じましょう。

65歳以上の不慮の死亡事故数（2021年）

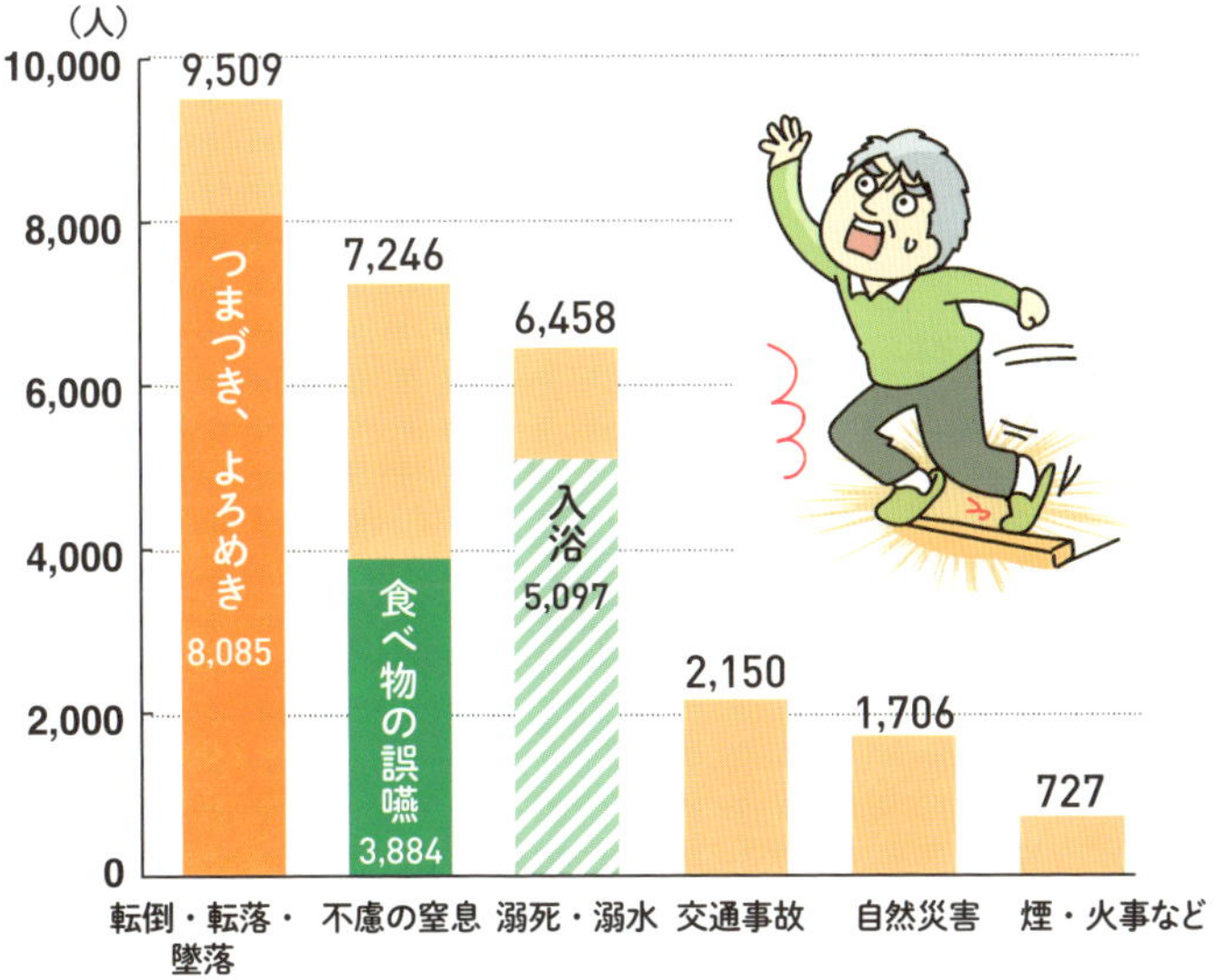

出典：消費者庁「人口動態調査（厚生労働省）上巻 死亡 第5.31表」より作成

住んでいる地域の最新の犯罪データを知る

多くの高齢者が口を揃えて、「今までこの地域では犯罪なんて起こってないから大丈夫」と言います。それは、ほとんどの人が自分の住んでいる地域の正確な犯罪状況を知らないからです。メディアで取り上げられるような殺人事件や重大犯罪は耳にする機会がありますが、窃盗や強盗などの犯罪は、ニュースや新聞でも小さくしか報道されません。

そこで**大切なのが、自分の住む地域の犯罪状況を知ること**です。警視庁や各道府県の警察本部のホームページには、地域の犯罪状況が掲載されています。パソコンやスマホで検索してみましょう。自分の住む地域でどのような犯罪が多いのか知ることで、まず最初に取り入れるべき「防犯のコツ」がわかるはずです。

居住地域の犯罪状況を把握する

パソコンやスマホで
「都道府県名・市区町村名」と
「犯罪状況」もしくは**「犯罪発生状況」**と
入れて検索してみよう

第2章

強盗・窃盗被害に遭わないためのコツ

この章は自宅で侵入強盗や侵入窃盗の被害に
遭わないコツを紹介。 簡単にできて、 それほど費用も
かかりません。 ぜひ防犯生活を取り入れましょう。

大切な命と財産を
守るのはあなた自身です!

「うちに泥棒に盗まれて困るものなんて何もないわ！」

今の音……
キッチンから…？
あれ、キッチンの窓は…？
施錠していない！
油断大敵!!
フシャーッ
猫と誰――!!?
今まで何の事件も起こらなかったからと、無施錠の家が多いんです！
シャー
玄関の鍵はちゃんとかけているわよ

泥棒が玄関からお行儀よく入るとは限りませんよ?
おじゃましまーす
た、たしかに…
とにかく玄関だけでなく、勝手口、窓など、無施錠は危険!
えーっ
でも家に人がいるときは泥棒だって入らないいんじゃ…
いいえ、外出時はもちろんのことむしろ家にいるときこそ鍵をかけておくことが大切
家にいるときに泥棒が入ってきて
もし出くわしてしまったら…?

ガラッ
ひ…ひいいいいいいい！
鍵忘れて出かけちゃったけど、庭の窓開いてたから入ったんだけど…
あなたー！脅かさないでよー！
もーーっ
俺が泥棒だったらどうするんだ
ぬっ
盗まれるものなんてないわよ
みなさん、家には盗まれるものなんてないわよとおっしゃるけど命が盗られたら大変よ！
命を守るための防犯、きちんと学んでいきましょう！
たしかに…

防犯のコツ
001
窃盗・強盗

防犯対策の第一歩!
犯罪者に狙われやすい家かどうか確認する

戸建てに住んでいても、マンションに住んでいてもまず共通することは、「自分の家が犯罪者に狙われやすい環境」にあるかどうか、犯罪者の視点で家のまわりを確認することです。

自分が犯人だったら、どのように侵入して、どこに隠れて物色し、金品を奪って逃げるのかを想像してみましょう。「これが危ない」と思った**自分の家の弱点を補っていくことが、防犯対策の第一歩**です。

死角がある、高い塀で囲われている、敷地の中が周囲から見えないなどの「犯罪者にとって都合のいい情報」を取り除き、防犯カメラやセンサーライトがある、防犯砂利が敷いてあるなどの**「犯罪者にとって都合の悪い情報」を周囲にわかるように発信**しましょう。

犯罪者の視点で家のまわりを見回す

窓を割られたら?
どこから侵入する?
うちは大丈夫かなぁ
犬は番犬になってくれる?
簡単に塀を乗り越えられる?
一人暮らしだとわかる?
外から見えにくい死角はない?

アドバイス

犯罪者にとって「都合の悪い情報」を発信している家であることが、犯罪のターゲットにならない基本です。

防犯のコツ
002
窃盗・強盗

外出時だけの鍵がけはダメ
玄関ドアはいかなるときも鍵をかける

自宅の玄関の鍵、どのようなときに施錠していますか？　外出時、就寝時、そもそも施錠しない……。多くの人がこのように答えます。しかし、玄関ドアの鍵はいついかなるときも、施錠しておかなければなりません。

犯罪者は住人の不在時を狙って侵入することもありますが、無施錠の玄関から侵入し、犯人と鉢合わせしてしまうなんてことも少なくないのです。よって、**家にいるときでも「常に玄関はロック」**を心がけましょう。

アドバイス

「ゴミ出しに行くだけだから」と鍵をかけずに出かけたら、泥棒に入られていたというケースもあります。

防犯のコツ
003
窃盗・強盗

置く場所を見られているかも
置き鍵はNG。鍵とバッグはひもで結ぼう

鍵をなくすのが不安で郵便受けに置いたり、家族のみんなが使いやすいからと植木鉢の下に置いたりと、特に高齢者がしがちな「置き鍵」ですが、これは絶対ダメです。なくすのが不安であれば、**鍵とバッグをひもやチェーンで結んでおきましょう。**

また、玄関前やマンションのエントランスで、バッグの中の鍵をごそごそと探す行為も要注意。体当たりされて、バッグごと奪われてしまうこともあるのです。**帰宅時は、さっと鍵を取り出せるように準備**しておきましょう。

体験談

昔から、郵便受けに置き鍵する習慣がありました。しかし、ある日その鍵を使って泥棒に入られていたのです。それ以降、置き鍵をするのをやめ、家族分の合鍵をつくりました。

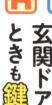

防犯のコツ

004

窃盗・強盗

侵入に5分以上かかる家は諦める

玄関、窓、勝手口は2ロックが基本

玄関、窓、勝手口に鍵はいくつついていますか？　防犯意識が高まっている昨今は、玄関ドアに鍵が2つある家も少なくありません。**玄関ドアは2ロックが、実は正解なのです（1ドア2ロック）**。鍵が2つかかっていることで、侵入に5分以上時間がかかる家になり、泥棒は侵入を諦めることが多いのです。

窓も鍵をしっかりかけているけれど、クレセント錠だけという方が多いはず。犯罪者は窓サッシの中央に錠があることがわかっているので、その部分だけガラスを壊し、窓を開けて侵入します。そのため、**窓にもクレセント錠だけでなく、窓の上部と下部への鍵つき補助錠の取りつけが基本**です。上下どちらにもつけるのが大変な人は、上につけましょう。

玄関、窓、勝手口は2ロック

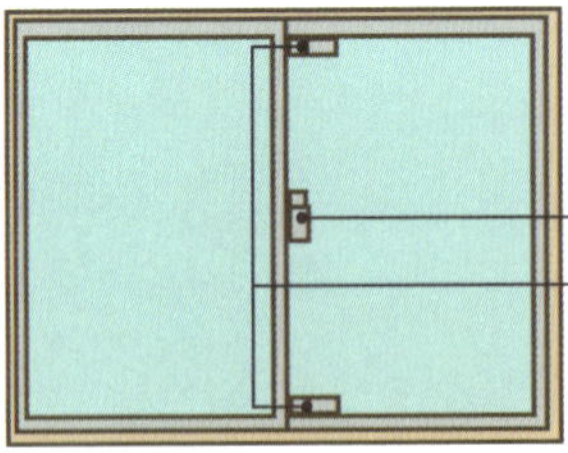

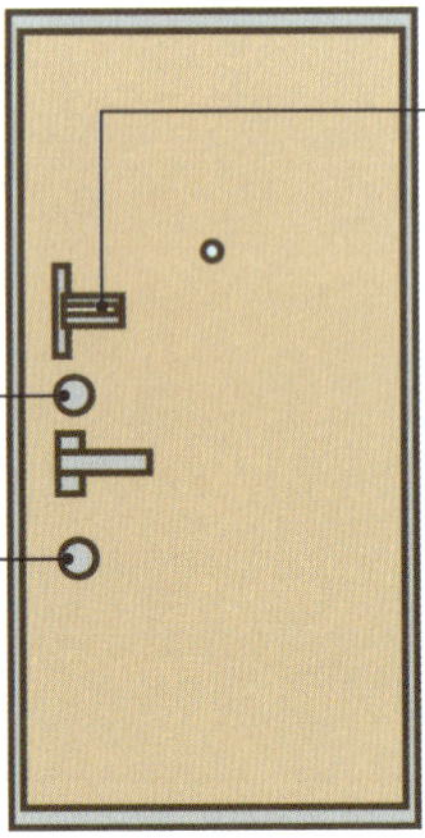

おすすめの鍵つき補助錠

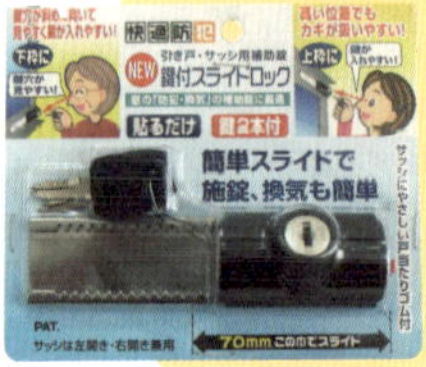

NEW 鍵付スライドロック
メーカー名：ノムラテック
価格：2,420円（税込）

両面テープで簡単に取りつけられるシリンダーつきの補助錠。

アドバイス

戸建てでは玄関より窓、マンションでも3～4割は、窓から犯罪者が住宅侵入しているんです。

防犯のコツ 005 窃盗・強盗

対策をするなら完璧に

窓ガラスには防犯フィルムを貼る

窓からの犯罪者の侵入を防ぐには、窓に貼る防犯フィルムが最適です。窓ガラスに貼れば、2～3回バットで強打したとしても簡単に破壊できません。

ただし、**防犯フィルムはより高い防犯性が認められたCPマークのついたものをガラス全面に貼りましょう（貼りつけは施工業者への依頼がおすすめ）**。窓ガラスの一部だけに貼る安価なものが流通していますが、クレセント錠のまわりだけに貼るのは危険。貼ってあるところが外からバレバレなのです。

また、網入りガラスは割れた後、破片が飛び散らないので、犯罪者にとっては都合のいいガラス。窓の安全性を高めるには補助錠と防犯フィルムが必須です。さらに**防犯強度を高めるには防犯ガラスがおすすめ**です。

CPマークつきを全面に貼る

CrimaPreventionの略語で、防犯を意味する。このマークは警察庁、経済産業省、国土交通省と民間団体で構成された団体によって、防犯性が認められ、厳密な試験に合格した建築部品につけられている。

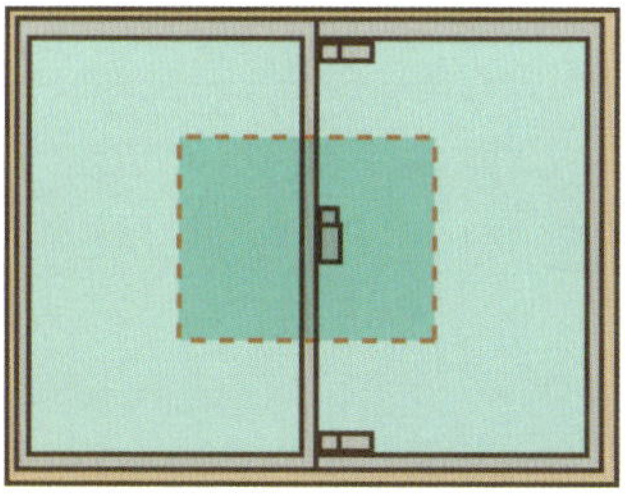

一部だけに貼るのはNG！

体験談

100円ショップにあった防犯フィルムを窓の一部に貼って、防犯対策をしました。しかし、フィルムの貼ってない部分のガラスを割られて、空き巣の被害に遭ってしまいました。

おすすめのガラス衝撃警報装置

窓ピタッアラーム（2個セット）
ASA-W13-N2P（W）
メーカー名：ELPA（朝日電器）
価格：4,840円（税込）

ガラスが破壊されたり衝撃を受けたときや窓が開けられたときにアラームが鳴る。

防犯のコツ

006

窃盗・強盗

家の裏手にある侵入路を塞ぐ

トイレやお風呂には面格子をつける

戸建ての場合、侵入者の6割は窓を狙います。玄関には防犯カメラや人感センサーがついていることがあるので、窓のほうが都合がよいのです。

特に狙われやすいのが、トイレやお風呂場などの小窓。人が侵入できる大きさであれば、面格子を取りつけましょう。**面格子を取りつける際も、木製のものではなく、ステンレスや鉄などでつくられたCPマークのついた強度の高い頑丈な面格子に**。外側に取りつけられないのであれば、内側に内格子をつけましょう。

アドバイス

鉄道沿線の家は、特に線路側の窓には面格子を取りつけて。電車騒音で犯罪者の侵入に気づきにくいです。

防犯のコツ

007

窃盗・強盗

自宅にいるときこそ注意

窓を開けたまま就寝しない

夏の暑い日、風通しをよくしたいからと、窓を開けたまま寝るという人が多くいます。人が家にいるときこそ、侵入されてしまうので危険です。

近年の犯罪は、空き巣よりも居空きや忍び込みが増えています。居空きと忍び込みが危険なのは、犯人と鉢合わせしてしまうこと。犯人が逆上して危害を加える強盗に発展する可能性が高いのです。

そのため、**夏場に窓を開けたいときは、鍵つき補助錠を活用して、少ししか窓が開かないように**しましょう。

アドバイス

サンシェードやグリーンカーテンも犯行の目隠しに。外出や就寝時は開け、窓前への設置は避けましょう。

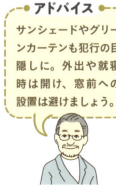

防犯のコツ 008 窃盗・強盗

不在アピールになってない？
郵便受けに郵送物をため込まない

郵便受けやポストに郵便物や新聞、チラシなどがあふれているのは、**犯罪者に「長期不在中ですよ」とアピールしているようなもの**。長期間、家を留守にする際は、郵便局や新聞配達所に連絡をして、配達を一時ストップさせましょう。広告やチラシは「チラシや勧誘印刷物の無断投函は禁止！」などと、警告メッセージをポストに貼っておくのもおすすめです。

　また、あふれた郵便受けから郵便物を盗まれることもあり、詐欺犯罪に巻き込まれる危険性もあります（81ページ）。

アドバイス

郵便物のため込みは、犯罪者の下見の格好のネタ。何度も下見をし、狙う家を品定めしています。

防犯のコツ 009 窃盗・強盗

詐欺の安全策だが、落とし穴に
留守番電話はダメ！防犯電話機を置く

アポ電強盗という言葉があるように、犯罪者はその家の様子を確認するために一度電話をかけてくることがあります。その際に**留守番電話を設定していると、不在だということがバレてしまい、空き巣のターゲットになってしまう**のです。留守番電話を設定するのであれば、「留守にしています」ではなく、「電話に出ることができません」というメッセージに変更しましょう。

　電話に出ないのであれば、防犯電話機がおすすめ。詳しくは74ページで紹介します。

体験談

娘から振り込め詐欺対策で、留守番電話設定をしておくように言われました。しかし、空き巣被害の危険性があることも知ったので、防犯電話機の購入を検討してみます。

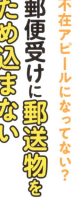

防犯のコツ

010

窃盗・強盗

犯罪者の心理を読んで

若い男性ものの靴や傘を置く

犯罪者もできるだけリスクを侵さずに犯行におよびたいと考えています。屈強な男性がいる家は避け、女性や高齢者の一人暮らしであれば、遭遇したとしても力でなんとかなるだろうと考えます。

そこで、**工事現場で履く安全靴や、ビジネスシューズ、スニーカーなどを玄関に、男性ものの傘を玄関先に置いておきましょう。**特に安全靴であれば、この家には若くて力強い肉体労働者がいると泥棒は想像するでしょう。これこそ、犯罪者の心理をついた防犯対策です。

アドバイス

高齢者は女性だけでなく、男性もターゲットに。若い男性向けのデザインのものがおすすめです。

防犯のコツ

011

窃盗・強盗

同居人がいるように

「ただいまー」と聞こえる声で帰宅する

家に帰ったとき、「ただいまー」と言って帰宅していますか。実はこれ、簡単にできる防犯対策なのです。「ただいまー」と声を出すのは、家の中に誰かがいるから。すると犯罪者は「あの人は一人暮らしじゃないな」とターゲットから除外するのです。

一人暮らしでも、自宅に誰もいなくても、話しかけるようにして声を出しましょう。大きな声での発声が難しい場合は、誰かに携帯電話などに声を吹き込んでもらい、帰宅時にはそれを再生するといいでしょう。

アドバイス

強盗事件の裁判で、犯人が、女性が「ただいまー」と言って入る家は避けたと供述しています。

防犯のコツ
012
窃盗・強盗

女性住まいが丸わかり
派手なカーテンは取りつけない

家の外から見て、ピンクやオレンジ色などの派手な色や花柄などのカーテンは、犯人に「ここには女性が住んでいますよ」とアピールしているサインになってしまいます。特に高齢女性は、派手な色や柄のカーテンをつけがちです。注意しましょう。

カーテンはシンプルなデザインや柄で、落ち着いた色のブラウンかグレー、濃いグリーンがおすすめ。男性か女性か、若者か高齢者かなどが判断できない色に替えましょう。レースカーテンは、外から中が見えない素材に。

アドバイス
マンションの高層階の住民ほど、派手なカーテンをつける傾向が。高層階であっても注意は必要です。

防犯のコツ
013
窃盗・強盗

高齢者が住んでいるとわかる
古い表札は新しいものに替える

もう何十年も同じ家に暮らしているという方は、すぐに確認してほしいことがあります。フルネームが記載された表札が玄関先にかかっていませんか？**すぐに名字だけの表札に取り替えましょう。**また、年季の入った古い表札、シニアに多い名前は、いかにも高齢者が住んでいる家だとわかってしまいます。フルネームは犯罪に利用されやすく、犯人にとっての情報源になってしまうのです。

集合住宅の集合ポストも、名字だけにしたほうがよいでしょう。

アドバイス
古民家に新しい表札がかかっていれば、若い人たちが住んでいるんだなと犯人にカモフラージュできます。

防犯のコツ

014

窃盗・強盗

犯罪者が下見をしているかも……

公園から近い家は防犯対策を万全に

犯罪者にとって、**公園や広場などは、不審がられずに下見ができるベストスポット**です。特に道路に背を向けたベンチがある公園は、そこに座れば、通行人から顔を見られる心配がありません。また公園なら、長時間座っていても不審がられないのです。ベンチに座り、「そこの家は鍵をかけずに外出するな」「あの家は○時から○時は誰もいないな」など、侵入する家を物色し、外出後に犯行におよぶのです。

公園に近い家だからと、すぐに引っ越しすることは難しいでしょう。その場合は、公園からよく見えることを逆手にとって、人が通ると光るセンサーライトや防犯カメラを設置し、**「うちは防犯対策をしっかりしているよ」と目立つ防犯対策を**しましょう。

公園は犯人の下見スポット

公園から人の出入りが
確認できる
家は要注意！

アドバイス

同様の手口で、コンビニエンスストアの駐車場から様子を伺い、犯行におよんだ泥棒もいました。

防犯のコツ 015 窃盗・強盗

洗濯物は住人情報の宝庫
なるべく室内干しに。男性ものと一緒に干す

犯行の下調べの際に注目されるのが、洗濯物。**洗濯物はその家の家族構成、年齢層などがわかる犯人にとっては都合のいい情報の宝庫**なのです。

特に下着などのインナーは女性ものか、男性ものかすぐに判断がつきやすいので、要注意。女性の一人暮らしだとわかればターゲットになってしまうのです。近年は高齢女性を狙った性犯罪者もいるので、高齢者だからと安心できるとは限りません。

洗濯物は室内干しがおすすめ。どうしても陽に当てたいという方は、一番外側にタオルやシーツを干しましょう。また、男性ものの上着や下着も一緒に。ただ、下着などのインナー類だけは室内干しにしたほうが、よりよい防犯対策になるでしょう。

一番外側にはタオルやシーツを

高齢女性の
一人暮らしだと
わからないように！

体験談

洗濯物は太陽の下で干したいので、すべて外干ししていました。しかし、こんなおばちゃんの下着が盗まれてしまったのです。それから下着だけは室内に干すようにしています。

防犯のコツ 016 窃盗・強盗

日没後は、部屋の灯りを少し漏らす

カーテンは完全に閉めない

犯罪者は室内が暗く、静まり返った家に侵入したくなるものです。また、日が落ちても暗い家は不在中だとわかってしまうので、日没後に帰宅する場合は、家の中に人がいるように、**通りから一番見える部屋の照明をつけて出かけましょう**。電気代がもったいないという人は、日没時間に合わせて照明がつくタイマーつきのものをセットしてもよいでしょう。

また帰宅後も、リビングの灯りはつけたまま就寝することもおすすめ。その際はレースのカーテンはしっかりと閉め、**ドレープ（遮光）カーテンを10㎝ほど開けて、室内の灯りを外に漏らしましょう**。「家に人がいますよ」「起きていますよ」というサインになります。

「家にいますよ!」を外にアピール

通りから見える部屋の灯りをつける
少し開けて灯りを漏らす

アドバイス
リビングが通りから奥まった位置にあるときは、通りから一番よく見える部屋の照明をつけて就寝しましょう。

防犯のコツ
017
窃盗・強盗

レースカーテンだけではダメ ドレープカーテンをしっかり閉める

レースカーテンだけを閉めていれば、外から見られる心配はなく、大丈夫だと考えている人が多くいることを聞き、正直驚いています。これは、襲ってくださいと犯罪者を招いている行為です。**レースカーテンは夜になると、室内が丸見え。**家族構成も、あなたの行動も何もかも丸裸なのです。レースカーテンはあくまでも昼間用の目隠し。暗くなったらドレープ（遮光）カーテンを必ず閉めましょう。ただし、灯りが少し漏れるように少しだけ開けることも忘れずに。

アドバイス
レースカーテンだけを閉めて就寝する若い女性が３割もいるそう。夜は必ずドレープカーテンを閉めて就寝を。

防犯のコツ
018
窃盗・強盗

いくつになっても被害者に 若い女性だけがターゲットではない

「若くないからもう狙われないわ」と多くの方が言います。しかし、**高齢女性だけを狙った性犯罪者がいるのは事実。**ある山間部の村で高齢女性ばかりを狙った不同意性交（強姦）犯が捕まる事件がありました。供述によると被害者は１００人以上とされたのですが、提出された被害届はゼロだったのです。高齢者の心理を狙った悪質な犯罪です。この事案のように、不同意性交、のぞき、ストーカーなど、**若い女性だけがターゲットではない事件は近年多発しています。**

体験談
性犯罪ではありませんが、自宅前の畑仕事をしていた間に泥棒に入られました。田舎なので、今まで玄関の鍵をかける習慣がありませんでしたが、それ以降必ず施錠しています。

防犯のコツ
019
窃盗・強盗

中の見えない家は都合がいい

高い塀で囲わず、敷地の見通しをよくする

家の中が見えないように、高い塀や石垣、植木などで敷地を囲んでいる家が多くあります。集合住宅も例外ではありません。このような家の住人はプライバシーが守られ、安全だと思いがちですが、**犯罪者の立場に立つと、一度敷地内に足を踏み入れれば、外から目撃されにくく、堂々と犯行におよべる好都合な場所に**なってしまうのです。

よって目隠しとなる塀は1・2～1・4mほどにし、その上には見通しのよい柵を設置するとよいでしょう。

体験談

わが家の周囲には、生け垣や高い木が生い茂っていました。しかし、防犯のことを考えて人の背の高さのところは枝をすいて、中が見えるように剪定してもらいました。

防犯のコツ
020
窃盗・強盗

電力会社に頼めばよい

近くの電柱の足場釘は抜いてもらう

戸建てでも、マンションでも、家や部屋の真横に電柱はないですか？　電柱は犯罪者の侵入経路になります。電柱をよじ登り、家へと飛び移るのです。

そのため、**ジャンプしたら手が届く高さについている電柱の足場釘（足場ボルト）は、電力会社に連絡をして、抜いてもらいましょう**。現在、高さ1・8mまでは、足場釘をつけないように電力会社が配慮していますが、残っている場合は、犯罪者自身が取りつけている可能性もあります。ねじ式なので、自分で外すことも可能です。

アドバイス

関西方面には「大根おろし」と呼ばれるトゲトゲのカバーが、電柱に巻きつけられているところもあります。

防犯のコツ

021

窃盗・強盗

むやみに玄関ドアを開けない

ドアガード、モニター越しで訪問者と対応する

「ピンポーン」と玄関チャイムが鳴ると、誰が来たかも確認せずに「はーい」と、いきなりドアを開けていませんか？　さまざまな訪問者がきますが、**対応の基本はまずはインターホンやドアホン**。カメラつきのもので訪問者を確認してから、ドアを開けましょう。

また、インターホンやドアホンがない場合は、**ドアガードかドアチェーンをしたまま対応すること**で、押し込み強盗に遭う確率がグンと下がります。

自宅の玄関扉が引き戸であっても、引き戸用のドアチェーンも売っていますので取りつけて。ドアは人が入り込めない幅だけ戸を開け、訪問者の対応をするようにしましょう。

インターホンとドアガードで対応

ご用件は
どなた様ですか？

体験談

チャイムが鳴ったので、ドアを開けたらそこには包丁を持った強盗犯が立っていました。それ以来、インターホンで誰が来たか確認してからドアを開けるようにしています。

おすすめの
引き戸用のドアチェーン

引戸用防犯チェーン No.545
メーカー名：ベスト
価格：3,630円（税込）
引き戸に使用するドアチェーン。開き幅3段階調整機能付き。

防犯のコツ

022

窃盗・強盗

宅配でもドアガード越しに

宅配は宅配ボックスか玄関前にお願いする

宅配業者を装って、住宅に押し入ろうとする強盗犯がいます。そのため、**荷物の受取は宅配ボックスを基本に**。宅配ボックスから自宅まで運ぶのが大変な場合や、宅配ボックスがない場合は、荷物は玄関の前に置いてもらいましょう。**ただし、配達の時間は在宅し、すぐに家の中に入れます**。荷物が置きっぱなしだと、不在がバレてしまうからです。

対面での受取が必要な場合は、ドアガードなどの隙間から受取確認をし、玄関前に置いていってもらいましょう。

アドバイス

身に覚えのない荷物は受け取り拒否を。そのような荷物は送りつけ詐欺の可能性があります（79ページ）。

防犯のコツ

023

窃盗・強盗

急な訪問営業は断る

訪問業者は身分証を確認する

宅配業者だけでなく、電気会社、ガス会社、消防設備の点検、営業や保険のセールスなど、家には多くの人がやってきます。そのような際でもやたら玄関ドアを開けてはいけません。**インターホン越しに、身分証や社員証を見せてもらってからに**しましょう。

アポなしの相手は、「ちょっとお待ちください」とインターホンやドアガード越しで対応し、管轄の会社に電話をし、本当に点検なのかどうかを確認して。急な訪問者とは対面で対応しないと決めておいてもいいでしょう。

アドバイス

事前約束のない訪問は強盗の可能性があるため、インターホン越しで対応し、絶対に家に入れてはいけません。

防犯のコツ
024
窃盗・強盗

点検だからと安心しない
定期点検は日程を事前に確認する

電気、ガス、水道、消防設備の点検などは、事前にハガキなどで連絡があるものです。集合住宅であれば、掲示板などに定期点検のお知らせが掲示されているでしょう。**本当の定期点検かどうかは必ず確認を。**いつも在宅だからとスルーせず、きちんと予定に入れましょう。

さらに「緊急点検」と称して、自宅に入り込んでくる場合もあります。そんなときは、パニックにならないこと。本当に緊急事態なのか、管轄会社に確認しましょう。

体験談

「漏電しているので、緊急点検です」と言われ、パニックを起こし、すぐに自宅に招き入れたところ、押し込み強盗に遭いました。電話確認の大切さを改めて実感しました。

防犯のコツ
025
窃盗・強盗

詐欺被害になることも
警察官、銀行員、公務員でも家に入れない

高齢者が自宅にすんなりと招きがちなのが、警察官や銀行員、公務員などです。犯罪者は犯行の下見をするために、それらの人に扮《ふん》してやってきます。そのため、**すべての訪問者は必ず身分証の確認をします。**管轄の役所や警察署の電話番号は電話の近くに貼っておき、その人が本当にそこに在籍しているかをまず確認しましょう。

また、どんな訪問者であっても、自宅には招き入れず、インターホンやドアガード越しに対応しましょう。

アドバイス

「町のお祭りで出品できるものを探しています」と訪ねてきた人が、実は強盗犯だったこともあります。

防犯のコツ
026
窃盗・強盗

特に一人っきりのときに注意
家族以外は家に招き入れない

人が訪ねてくると、どうしても家に招いておもてなしをしてあげたくなります。しかし、それも注意が必要な世の中になってしまいました。

見ず知らずの人ではないからと、気をよくして家に入れた訪問販売員に殺されてしまった一人暮らしのおばあちゃんがいました。そのため、**たとえ親戚や友人であっても、家族以外は一人っきりのときに自宅に入れてはいけません。**積もる話があるときは、近くの喫茶店など、人目のあるところで会うようにしましょう。

アドバイス

高齢者のやさしさにつけ込んだ犯罪が多い昨今。他人だけでなく、親戚でも注意が必要な場合があります。

防犯のコツ
027
窃盗・強盗

家政婦や介護ヘルパーなど
派遣される人にも細心の注意を図る

介護ヘルパーや家事代行サービス、家政婦、ペットシッターなど、どうしても自宅に他人を入れないといけない場合もあります。そのようなサービスを使う際には注意が必要です。

信頼のおけるサービス会社に依頼することが大切ですが、出来心で犯行におよんでしまうこともあるでしょう。**貴重品は自宅に置いておかず、貸金庫などに預けます。**さらに、**室内用の防犯カメラの設置もおすすめ。**あやしい動きがあれば、必ず派遣会社に連絡しましょう。

体験談

おじいさんの介護をしてくれていたヘルパーさんに着物や骨董品を盗まれ、売りさばかれていたことがありました。それ以降、室内カメラを設置するようにしました。

防犯のコツ
028
窃盗・強盗

手間をかけさせることが大事

すべての貴重品を同じ場所に置かない

通帳、印鑑、証書、登記簿など、自宅のどこかに保管していますか？　まさか、同じ場所にすべて置いてはいませんよね？　貴重品を同じ場所に置くのはダメです。もし、泥棒に入られてしまったとき、一瞬で根こそぎ盗られてしまうのです。**泥棒は基本5分で侵入し、5分で物色して10分以内には出ていきます。**

そのため、もし泥棒に入られたとしても、**ひと手間も、ふた手間もかかるようなバラバラの場所や、台を持ってこないと届かないような場所に保管**するのがポイントです。

アドバイス

物色に時間がかかると、警備会社や警察が来てしまうので、時間がかかるほど、泥棒は犯行を諦めます。

防犯のコツ
029
窃盗・強盗

押し込み強盗だけじゃない

部屋の中の盗聴、盗撮にも注意する

自宅に押し入ってくる強盗だけでなく、注意が必要なものに盗撮や盗聴があります。まず、**盗撮予防のためには、夜は必ずドレープ（遮光）カーテンを閉めること**。また、ウェブカメラが内蔵されているパソコンでは、ウイルス感染や不正アクセスによりカメラ機能がハッキングされることもあります。レンズ部分にシールや付箋などを貼り、使わないときは目隠ししましょう。

盗聴されているかもしれない場合は、専門の調査業者に連絡して調べてもらいましょう。

アドバイス

パソコンのカメラを目隠しするカバーが100円ショップに売られているので、活用してもいいでしょう。

防犯のコツ

030

窃盗・強盗

あなたの自宅は大丈夫?

犯人が逃げやすい、隠れやすい場所は注意

巻頭の「狙われる環境のお家チェック」でいくつのチェックがつきましたか? 実は、犯罪が多発する地域があり、より強固な防犯対策が必要です。

まずは、**主要ターミナル駅や、主要幹線道路、高速道路のインターチェンジ(IC)の近く**など。今まで犯罪が少なかった町であっても、住民の生活が便利になるにつれて、犯罪者も犯行後、逃げやすい町になることもあります。

また、**昼間は人が多いけれど、夜間は人目がない神社、お寺の近くなども注意が必要**です。暗闇に忍んで、犯行のタイミングを図っているかもしれません。コインパーキングも、下見していても不審に思われないので、犯罪者が紛れ込んでいることもあります。

犯人が逃げやすい・隠れやすい立地

体験談

空き巣に入られた自宅は県境の近く。犯人が越境して逃げたため、警察の管轄が異なり、捜査に時間がかかりました。県境・市境はそんな注意もあることを始めて知りました。

防犯のコツ

031

窃盗・強盗

画像から自宅がバレることも

高解像度の写真はSNSに上げない

昨今のスマホに搭載されたカメラは、かなりの高解像度です。そのため、**写真を拡大することで、****さまざまな情報を得ることができてしまいます**。あるアイドルは、自撮り写真の瞳に映り込んだ背景からストーカーに自宅を特定され、被害に遭ったそうです。

インスタグラムなどのSNSに**写真を投稿するときは、個人情報につながるものが映り込んでいないか、しっかりと確認を。**

自宅からの風景や住所などにはぼかしを入れたり、解像度を下げてから投稿するようにしましょう。

アドバイス

映り込んだ段ボールの宛名や看板から、住所が特定されることもあるので、SNS投稿には注意しましょう。

防犯のコツ

032

窃盗・強盗

便利な機能の落とし穴

スマホのGPS機能はオフに設定する

スマホのアプリを使う際にGPSの位置情報をオンにしていると、今の居場所がわかったり、周辺の飲食店情報を教えてくれるので、とても便利です。

しかし、位置情報をオンにしたまま写真を撮ると、その写真に撮影した場所と時間が記録されてしまいます。そのままその**写真をSNSに投稿すると、撮影場所がバレてしまう**こともあります。

スマホはアプリごとに位置情報を切り替えられるので、SNSやカメラは位置情報をオフにしておきましょう。

アドバイス

「きれいな雲と虹が見えました」と自宅からの景色をアップするだけで、住所がバレてしまうこともあります。

防犯のコツ
033
窃盗・強盗

暗号のような文字に注意
玄関先につけられたマーキングを確認する

泥棒も手当たり次第に住宅の中に忍び込むわけではありません。必ず下見をして、侵入できそうな家を見極めてから、犯行におよびます。

そこで、**狙いをつけた家を忘れないようにするためのものが「マーキング」**。家族構成や生活習慣などを書き残してあるのです。インターホンや玄関ドアの上、郵便ポスト、ガスメーターなどに暗号のようなものが書かれていたら、**消す前に必ず写真を撮り、警察に連絡してから、すぐに消しましょう**。たとえば、「W＝女性、S＝シングル、10‐19＝10時～19時、○＝不在」などが書かれていることや、シールが貼られていることも。

このマーキングは、犯罪者だけでなく、悪徳訪問販売の業者がつけている場合もあります。

表札やポストの下をよく確認

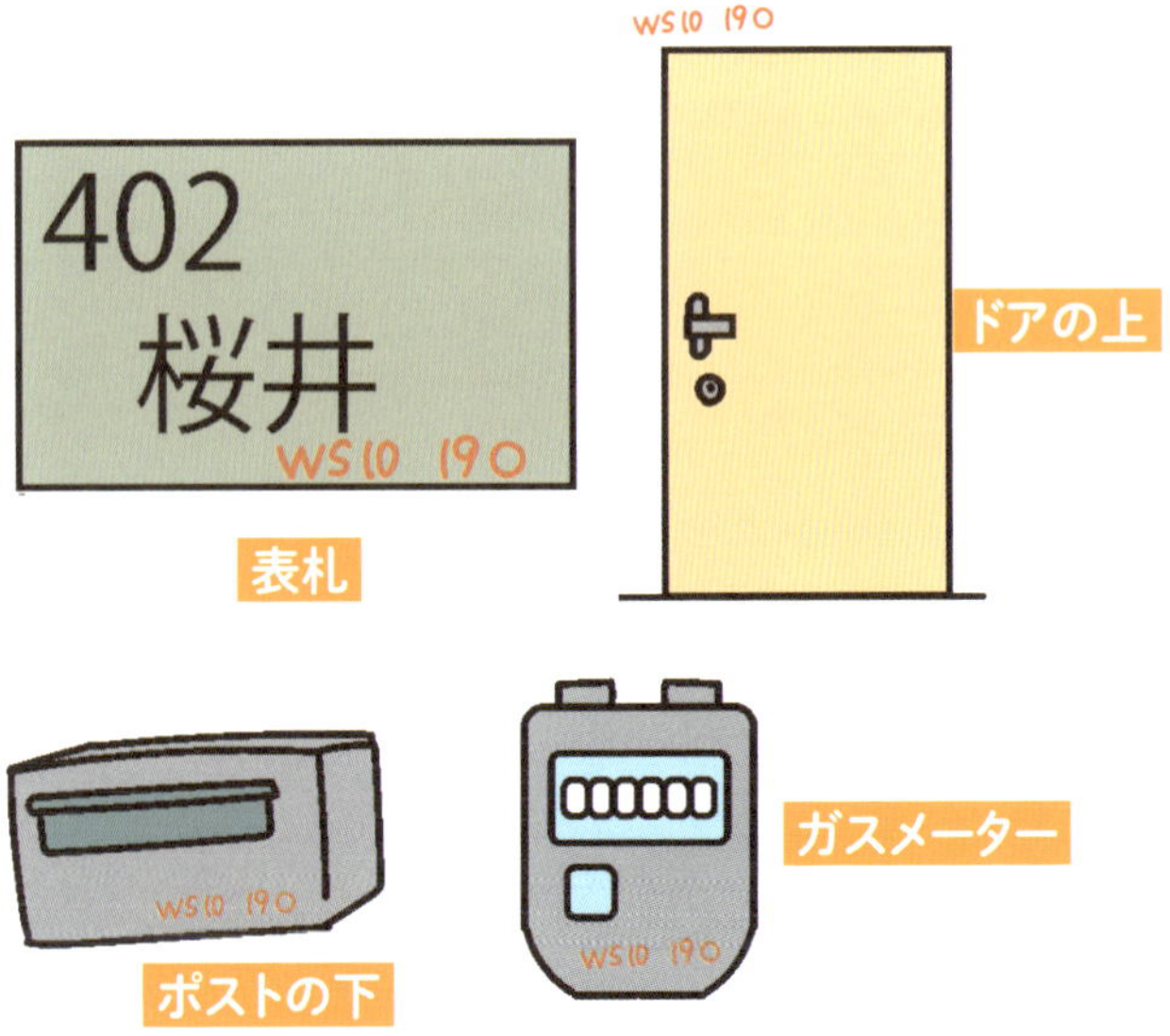

アドバイス
下見をしてマーキングをつけておくが、泥棒の下準備。誰もいないことがわかっているので、犯行におよびます。

防犯のコツ 034 窃盗・強盗

盗難のリスク大

タンス預金はせず、金融機関に預ける

タンス預金とは、銀行に預けずに自宅に置いてある現金のこと。日本に眠るタンス預金は約50兆円にもおよぶとされています。あなたは自宅に現金を保管していませんか？ 特に高齢者や地方在住者は金融機関に行くのが億劫《おっくう》だと、タンス預金をしがちです。**高額な現金は金融機関に預け、現金以外の高価なものは貸金庫を利用しましょう。**

貸金庫は誰でも借りられ、費用は1年で1万円台から。契約方法は金融機関に問い合わせてみましょう。

アドバイス

親が隠しておいたタンス預金を知った子どもが、そのお金を使ってしまったという事件もありましたね。

防犯のコツ 035 窃盗・強盗

高齢者の心理につけ込む

「助けましょうか」の親切泥棒に注意

大きな買い物の荷物を持って歩いていると、ある人が「重そうですね。自宅までお持ちしましょうか」と声をかけてくれました。その親切心に感謝して、自宅まで運んでもらったおばあちゃんはお礼にと、荷物とバッグを玄関に置いて、お茶の用意をしに台所へ。玄関に戻ってみると、買い物したものと、バッグがないのです。こんな事件がありました。

高齢者への親切心を装った「親切泥棒」。犯罪者はどのようにターゲットに近づくのか、わからないものです。

アドバイス

「あの人はやさしくて、いつも親切にしてくれていたのに」と、事件の被害者は証言しています。

防犯のコツ
036
窃盗・強盗

敷地内に入らせないために
インターホンは門扉につける

あなたの自宅のインターホンはどこについていますか？　門扉の横？　それとも玄関扉の横？　しかし、多くの家は玄関扉の横にあることでしょう。しかし、インターホンは門扉につけるのが正解。**門の中、敷地内に入る理由をなくすため**です。

玄関扉の横にインターホンがあると、チャイムを押すためには、どうしても門を開け、玄関まで入っていかなければならず、すでに敷地内への侵入を許していることになってしまうのです。すると、不審者が敷地に入っても、不法侵入を疑うことが難しくなります。

そのため、インターホンは門扉に取りつけ、ガレージにはチェーンやロープなどで境界を主張しましょう。それを越えたら明らかに不法侵入になるからです。

門の中、敷地の中に入る理由をなくす

玄関ドア横の
インターホンは
注意！

・アドバイス・
車を出庫させたガレージの中央に自転車を置くと、在宅を装うこともでき、一石二鳥になります。

防犯のコツ
037
窃盗・強盗

さまざまなものが考えられる
侵入の足場になるようなものを置かない

泥棒は無施錠の玄関から入ってくるとは限りません。2階などの窓から入ってくることもあるのです。その際に使われるのが、**よじ登るための足場になるもの**。特に戸建ての家のまわりには足場になりやすいものがたくさん。はしご、脚立、物置き、エアコンの室外機、給湯器、自転車などが置いてないか、自宅のまわりをよく見回してみましょう。

動かせるものはできるだけ自宅の中に片づけ、固定できるものは窓から離して、ワイヤーロックなどで簡単に動かせないようにしましょう。

また、侵入ルートになりそうなところには、防犯カメラを設置したり、センサーライトをつけて対策をたてましょう。

侵入の足場になりそうなもの

体験談

外に置いてあった冬用タイヤを積み上げ、カーポートによじ登り2階から侵入されました。足場になりそうなものはしっかりと片づけておく必要があると、改めて知りました。

防犯のコツ
038
窃盗・強盗

死角になる窓下には防犯砂利を敷く

防犯カメラの設置も検討

人目につかないように家の裏手にまわり、侵入してくる泥棒がいます。その**侵入対策が防犯砂利**。**死角になっている場所にある窓の下に敷いておく**と、侵入者が来たときに大きな音が出て、侵入を知らせてくれます。ホームセンターなどで購入可能です。ただ、その上で転ぶとケガをしやすいので、子どもが遊ぶところに敷くのは避けましょう。

また、**死角となる場所には、センサーカメラやAIカメラの設置がおすすめ**。特に最近は人と車のみに反応するAIカメラがあり、警告エリアに不審者が侵入すると、音と光で威嚇《いかく》してくれ、激しい警告音が鳴り響き、その情報がスマホに届きます。その場でスマホから声掛けができるものもあります。

死角にはAIカメラと防犯砂利

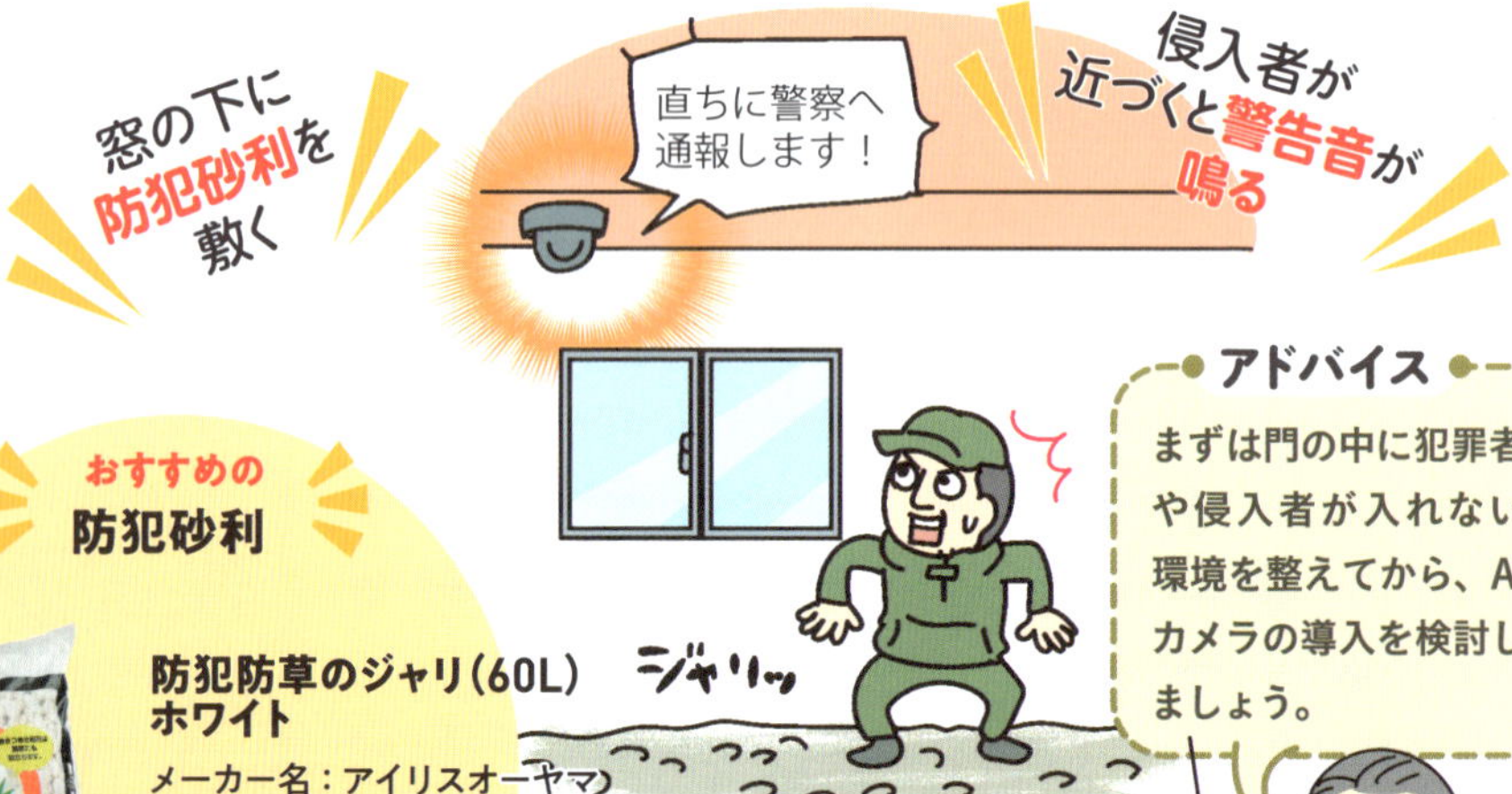
窓の下に防犯砂利を敷く
直ちに警察へ通報します！
侵入者が近づくと警告音が鳴る
ジャリッ

おすすめの防犯砂利

防犯防草のジャリ
60L
ホワイト

防犯防草のジャリ（60L）ホワイト

メーカー名：アイリスオーヤマ
価格：3,200円前後（税込）

踏むと石同士が擦れ合って「ジャリジャリ」と大きな音が出る。

アドバイス

まずは門の中に犯罪者や侵入者が入れない環境を整えてから、AIカメラの導入を検討しましょう。

防犯のコツ
039
窃盗・強盗

お金持ちだと認識される
イルミネーションをするなら万全な防犯を

自宅をイルミネーションで飾る人もいるでしょう。しかし、防犯面からするとかなり危険な行為。**イルミネーションができるほど、お金に余裕がある家と犯罪者に認識されてしまう**からです。行うのなら、万全な防犯対策をしてからにしましょう。さらにイルミネーションで輝いている家のまわりは明るくても、家の中は暗く、犯罪者が室内を物色していても気づかれにくいことも。

また、高級車があるなど、いかにも高級住宅街である場合は、泥棒に狙われやすいので注意を。

アドバイス

同様に数多くのプランターを家のまわりに置くことも注意が必要です。防犯対策をしっかりとしてからに。

防犯のコツ
040
窃盗・強盗

放火される危険性も
近隣の放置された空き家に要注意

長期放置された空き家が全国に約385万戸もあると言われています。そんな**空き家も防犯上、かなり注意が必要**です。空き家に逃亡犯が住み着いていたという事件もあったほどです。泥棒が空き家に潜伏し、近隣の様子を下見しているかもしれません。また、放火などによる火災の危険性もあります。

さらに戸建てでは、防犯上、空き部屋の管理も大切。**ガラスを割られても気づきにくいので、格好の侵入口に**。外から空き部屋だと悟られないことも必要です。

体験談

老夫婦の2人暮らしになったので、家の2階をあまり使わなくなってしまい、空き部屋ばかりの状態に。気づかないうちにその空き部屋の窓が割られ、泥棒に忍び込まれてしまいました。

防犯のコツ
041
窃盗・強盗

普段車のない場所にいる車に注意
不審車両は発見したら110番に通報する

忍び込もうとする家を、車から物色していることもあります。いわゆる不審車両。普段車通りの少ない町は、不審車両がかなり目立ちますが、**大型商業施設が近かったりと、他地域の車の往来が多いとなかなか気づきにくい**傾向にあります。

不審車両には5つの特徴があります。「①他地域のナンバー」「②「わ」か「れ」のレンタカー」「③ドライバーの識別ができない」「④カーテンやフィルムで車の中が見えない構造になっている」「⑤普段車が停まっていない場所に停車している」です。

これらの5つに当てはまる場合は、すぐに警察に電話をしましょう。本当に不審車両であった場合は、パトカーが来ると立ち去っていくでしょう。

不審車両の5つの特徴

「わ」か「れ」のナンバー
他県ナンバー
普段、車のない場所に停まっている
車の中が見えない
車に乗っている人が識別できない
わ0-0

アドバイス
発見した車が本当に不審車両か自信がない場合は「＃9110」の警察相談窓口に電話をしてみましょう。

防犯のコツ

042

窃盗・強盗

挨拶を交わす関係性が大事

コミュニケーションを近隣住民ととる

集合住宅に住んでいる人よりも、戸建てに住んでいる人のほうが、近隣住民とのコミュニケーションをとっているかと思います。**防犯に関しても、防災に関しても、地域住民とのつながりは大切**です。

隣近所の方とすれ違うとき、挨拶をしていますか？　道端で会っても挨拶をしないのは、犯罪者にとってはありがたいことなのです。自分たちの住んでいる地域に関心を持ち、トラブルを避けるためにも干渉はしない程度のお付き合いをすることが地域防犯の一つになるでしょう。

アドバイス

戸建てと集合住宅が混在している地域は、人の出入りがわかりにくく、不審者に気づきにくいことがあります。

防犯のコツ

043

窃盗・強盗

命の危険になる前に引っ越す

ご近所トラブルはすぐに相談する

隣や向かいの家と騒音やゴミ問題などで、トラブルを抱えている人もいるでしょうか。しかし、持ち家に住んでいる場合は、なかなか引っ越しも難しい……。そんなときは、まず**町内会や役所、警察に相談しましょう**。

それでも問題が解決しない場合は、**一時的な引っ越しを考える**必要があります。近隣住民とのトラブルから、殺人事件に発展してしまうこともあるのです。命には替えられません。ぜひ一時避難を検討しましょう。

体験談

隣の家がゴミ屋敷で、よく注意をしていました。役所に相談はしたものの解決されないでいると、ある日、火のついたタバコが我が家に投げ込まれました。本当に怖かったです。

防犯のコツ
044
窃盗・強盗

鍵があるところはすべて閉める
オートロックでも自宅の鍵はかける

オートロックつきの集合住宅に住む人の中には、自宅を戸建ての自室のような感覚で、オートロックが閉まっているからと安心だと思い、玄関の鍵をかけないという人がいます。また、ちょっとゴミを集積場まで出しに行くだけだからと、鍵をかけずに出かける人もいます。

しかし、**プロの犯罪者は鍵がなくてもオートロックを容易にすり抜けます**。オートロックのマンションだけを狙う窃盗犯もいたほどです。また、同じ集合住宅の住人が、全員がいい人だとは限りません。ある事件では、同じマンションの住人がマンション内の窃盗犯だったということもあったのです。よって、オートロックに頼らず、自宅の鍵はしっかりかけましょう。

自宅の玄関の鍵は必ず閉める

アドバイス
引っ越し作業をしていると、オートロックが全開のときが。その隙を狙って窃盗犯が侵入することもあります。

防犯のコツ

045

窃盗・強盗

窓の鍵も忘れずに

最上階でもカーテンは閉める

集合住宅に住む、特に最上階に住む人がやりがちなことがあります。それは、カーテンの開けっ放しと、窓の無施錠です。

最上階なので、周囲から覗かれる心配がない、眺望を楽しみたいとカーテンを開けたままの人がいます。しかし、**高性能の望遠鏡を使えば、かなり遠くからでも覗くことは可能**です。また、ベランダに出入りできる窓の鍵を閉めない人も。屋上から下がって最上階の部屋に侵入する窃盗犯もいます。**最上階＝安心ではありません。**

アドバイス

ベランダの窓の鍵を開けっぱなしにしておいたばっかりに、強盗に襲われて、被害に遭ったという事件も。

防犯のコツ

046

窃盗・強盗

上層階でも注意が必要

雨どいには忍び返しをつける

集合住宅には、戸建てより太くて丈夫な雨どいがついています。男性がぶら下がってもびくともしないほど。それを使って高層階に忍び込む泥棒がいるます。そのため、**雨どいが外壁についている集合住宅は特に注意が必要**です。

そこで必要になるのが、トゲトゲした雨どいの忍び返し。尖った金属製の歯がよじ登ろうとする犯罪者を遮るものです。そして、よじ登る泥棒を照らすセンサーライト。集合住宅でもつけられるものが販売されています。

体験談

うちはマンションの3階だからと安心していたのですが、空き巣の被害に。警察によると、犯人は雨どいをよじ登って来たとのこと。忍び返しをすぐに取りつけました。

防犯のコツ
047
窃盗・強盗

盗みや盗撮に使われることも
ドアスコープにはカバーをつける

集合住宅の各部屋の玄関ドアには、防犯用に部屋の中から訪問者が確認できるドアスコープ（のぞき穴）があります。しかし、この穴が犯罪に使われるケースがあるのです。

ドアスコープの外に特殊な器具を取りつけると、外から中が覗けてしまうのです。そうして撮影した盗撮動画が、裏サイトで販売されているほどです。

また、ドアスコープを外し、特殊な器具を差し込みドアロックを解除することも、プロの犯罪者には簡単な作業なのです。

これらを防ぐには、**カバーつきの金具をドアスコープの内側に取りつけ、外を見たいときにだけ、開ければよい**のです。布などで覆うだけでもよいでしょう。

ドアスコープから犯罪被害にも

ドアスコープにはカバーをつける

アドバイス
玄関ドアについた郵便受けに特殊なカメラを差し込み、盗撮されることも。どちらにも注意が必要です。

防犯のコツ
048
窃盗・強盗

オートロックは突破できる

まわりに注意しながらオートロックを入る

オートロックつきのマンションでは、泥棒は「共連れ」を狙っています。**鍵を持っている人の後ろに控えていて、ドアが解錠したときに一緒に入る、外に出ていく住人とすれ違いで入る、これが共連れ**です。一旦侵入したら、死角になる場所などに隠れ、犯行におよぶタイミングまで待つのです。

そのため、オートロックを解除するときは、**必ずまわりに不審者がいないか確認してから開けること**が必須。オートロックを破る方法はいくらでもあるのです。

アドバイス

ゴミ捨て場や通用口など、外につながる共用の入り口は必ず施錠しておくように、管理会社に確認して。

防犯のコツ
049
窃盗・強盗

ひどい場合は警察へ通報を

上下、左右の部屋の住人の態度に注意する

集合住宅に住む人が気をつけなければならないのが、自宅の上下、左右に住む人とのご近所トラブルです。深夜の騒音、足音、子どもの泣き声、さまざまなことが発端で騒動になることもあります。

ある事件では、「足音がうるさい」と注意したことがきっかけで、下の階の住人が上の階の住人に殺害されてしまったこともあるほどです。

直接苦情を伝えると、暴力沙汰などになることもあるので、**管理会社などの第三者に相談するように**しましょう。

アドバイス

子どもの騒ぐ声・走り回る足音、怒鳴り声、夜中の洗濯機など、ご近所トラブルの火種はさまざまなところに。

防犯COLUMN

我が家を防犯住宅に

防犯生活を送るため、セキュリティ会社と契約したくても金銭面の負担が大きく、なかなか重い腰を上げることができないことがあります。そこでおすすめするのが、日本防犯学校が監修のもと2024年８月発売の「ホームセキュリティーシステム」。

モーションセンサー、ドアセンサー、ホームカメラなどを、電波を介して連動させることで、不審者の侵入による玄関や窓の開閉があると、スマホに速報が届くようになります。比較的取り入れやすい価格ですので、自宅の防犯能力を高めるためにもぜひ検討してみてください。

おすすめの ホームセキュリティーシステム

スマート Zigbee HUB

メーカー名：日本電業工作
価格：4,950円（税込）

スマホと、ドアセンサー、モーションセンサーなどを連動させるために使う機器全体のハブ。

スマートモーションセンサー

メーカー名：日本電業工作
価格：2,860円（税込）

侵入者を感知すると、連動されたスマホにアラームを発報。サイレンを鳴らすことも。

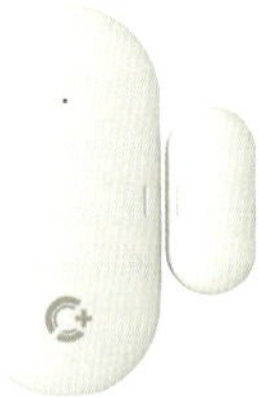

スマートドアセンサー

メーカー名：日本電業工作
価格：2,970円（税込）

外出時などのドアや窓の開閉を感知し、スマホにアラームを発報。動作履歴を管理できる。

スマートホームカメラ

メーカー名：日本電業工作
価格：4,840円（税込）

400万画素の高画質カメラで、スマホに連動し、遠隔制御。音声により侵入者への威嚇も可能。

第3章

詐欺に遭わないためのコツ

高齢者を狙った悪質な詐欺が増えています。
警察庁の資料によると、特殊詐欺の被害者の実に
86.6%は65歳以上の高齢者なのです。

「私は大丈夫!」
と思っている人こそ、
騙されるんです!

「振り込め詐欺？ そんなの私は引っかからないわよ」

おい
電話鳴ってるぞ
ヒョイ
あら?
知らない
番号だわ
誰かしら
ハイ
もしもし?
母さん、
オレ
あら
たかし?
ちょうど今
あなたが送って
くれた会社の
おせんべい
食べてたのよ~
番号変えたの?
そう、
携帯プラン
安くしたくて
変えたんだよね
へぇ
堅実ねぇ、
子どもも生まれたし
節約しないとね
たかしか
ところで母さん
鉄道会社から
電話ない?
ないけど
どうしたの?
……そっか…
オレ…
電車の中に…
会社の大事な
お金忘れて……

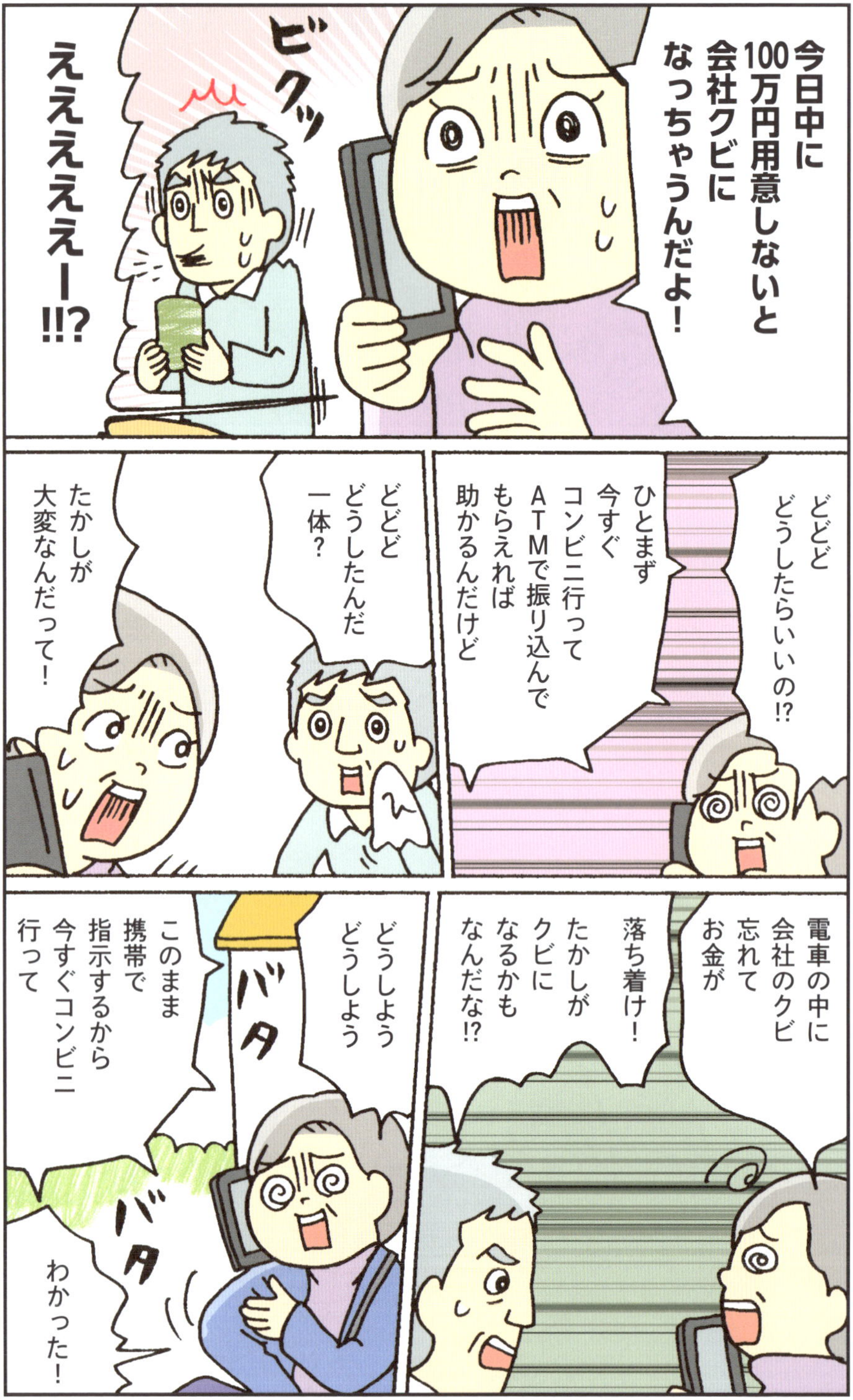

今日中に100万円用意しないと会社クビになっちゃうんだよ！
ビクッ
えええええー!!?
どどどうしたらいいの!?
ひとまず今すぐコンビニ行ってATMで振り込んでもらえれば助かるんだけど
どどどうしたんだ一体？
たかしが大変なんだって！
電車の中に会社のクビ忘れてお金が
落ち着け！
たかしがクビになるかもなんだな!?
どうしようどうしよう
バタ
このまま携帯で指示するから今すぐコンビニ行って
バタ
わかった！

それ、詐欺ですよー！
オレ、オレ、オレー
サギ
ええええええー!!?
でも確かにたかしの声で電話が…
たまたま似た声の詐欺師です
たかし!?
あなたたかしじゃ…？
ツーツー…
「自分は大丈夫」と思ってはいけません！
詐欺はあの手この手でやってきます！
オレオレー
オレ
オレー

次は
あなたの番かも…

だまされやすさチェック

点数をつけて合計点を出してみましょう。 合計点が高いほど、 詐欺の被害に遭う危険度が高まります。 心の弱さを知ることが対策の第一歩です。

出典：消費者庁「Attention」より作成

	ほとんど当てはまらない	あまり当てはまらない	どちらでもない	やや当てはまる	とても当てはまる
1 拝まれるようにお願いされると弱い	1	2	3	4	5
2 おだてに乗りやすい	1	2	3	4	5
3 自信たっぷりに言われると納得してしまう	1	2	3	4	5
4 見かけのよい人だとつい信じてしまう	1	2	3	4	5
5 素敵な異性からの誘いだと断れない	1	2	3	4	5
6 マスコミで取り上げられた商品はすぐに試したくなる	1	2	3	4	5
7 好きな有名人がすすめる商品は買いたくなってしまう	1	2	3	4	5
8 新しいダイエット法や美容法をすぐに試す	1	2	3	4	5
9 専門家や肩書きがすごい人の意見には従ってしまう	1	2	3	4	5
10 「無料」「返金保証」があるなら試してみたい	1	2	3	4	5
11 資格や能力アップにお金を惜しまない	1	2	3	4	5
12 よいと思った募金にはすぐに協力している	1	2	3	4	5

	ほとんど当てはまらない	あまり当てはまらない	どちらでもない	やや当てはまる	とても当てはまる
13 欲しいものは多少のリスクがあっても手に入れる	1	2	3	4	5
14 どんな相手からの電話でも最後まで聞く	1	2	3	4	5
15 試着や試飲したものは、つい買ってしまったことがある	1	2	3	4	5

「自分は大丈夫」が一番危ないのよ!

1～15の合計　　　　点

40～49点
詐欺危険度：40%
合計点が40～49点の人は、自分の性格的特徴を十分に認識し、特段の注意が必要です。

50～59点
詐欺危険度：50%
合計点が50～59点の人は、消費者被害に遭う確率が五分五分。何かの勧誘を受けた際にはご注意を。

60点以上
詐欺危険度：70%
合計点が60点以上の人は、特に詐欺被害に遭う危険性が高い。勧誘には意識的に注意しましょう。

30点未満
詐欺危険度：25%
合計点が30点未満であっても、約25%の人があやしい契約を結んでしまう傾向があります。

30～39点
詐欺危険度：30%
合計点が30～39点の人は、危険度は低くても安心できません。「絶対に大丈夫！」だとは言えません。

防犯のコツ
050
詐欺

あやしい電話は切る

振り込め詐欺対策には防犯電話機を

警察による指導では、振り込め詐欺などの特殊詐欺対策として、留守番電話を設定しましょうと言われます。しかし、前述の通り、留守番電話にしていると、空き巣の被害に遭うことも。そこで**おすすめなのが「防犯電話機」**です。

着信音が鳴る前に、「この通話は防犯のために録音されます」と相手に流れ、「振り込め詐欺対策モードになっています。あなたのお名前をおっしゃってください」とアナウンス。また、**電話帳登録されていない番号からの着信は、赤いランプがつく**※1ようになっています。さらに、もし詐欺電話に出てしまってもすぐに電話を切れるように、迷惑ストップボタンも完備されているスグレモノ。あやしい電話は出ないようにましょう。

防犯電話機を活用しよう

赤と緑のランプ※1

電話帳登録されている番号だと「緑」、登録がないと「赤」に光る。

番号未登録者※2からかかってきたとき

番号登録者※2からかかってきたとき

迷惑ストップボタン

迷惑電話、特殊詐欺電話ならすぐに止められるボタン。

あんしん相談ボタン

不審電話の場合、すぐに警察に通報できる。

おすすめの防犯電話機

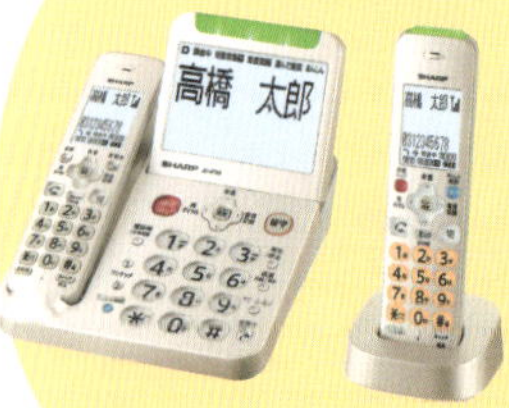

JD-AT96CL

メーカー名：シャープ

価格：オープン価格

アポ電、迷惑電話を対策できる親機コードレスタイプ。

※1…ナンバー・ディスプレイ契約が必要です

※2…番号登録者とは、電話帳／ワンタッチダイヤル／あんしん番号／あんしん相談ボタン／通知先番号登録者を指します

アドバイス

「警察、お金、息子」は振り込め詐欺三大キーワード。「還付金」「他人が取りに行く」などの言葉にも注意。

防犯のコツ
051
詐欺

昔から載せている個人情報に注意
NTT電話帳の登録を削除する

以前は、タウンページやハローページの電話帳がNTTから各家庭に配布されていたものです。しかし、ハローページの配布は2021年以降に順次終了。ただ、この**NTT電話帳に登録されている電話番号が特殊詐欺に使用されている可能性があります**。電話帳に登録されている人は世帯主なので、特に名前の末尾が「子」「枝」「江」のような名前であれば、高齢女性の一人暮らしの可能性があると推測され、詐欺の標的になりやすいのです。また、電話帳には住所の記載もあるので、他の特殊詐欺に遭う危険性も高まります。

そこで重要になってくるのが、**電話帳の登録の掲載削除**です。以下の通り、管轄のNTTに電話をかけ、削除の申し込みをしましょう。

NTT電話帳の掲載削除方法

●固定電話からの場合

116 に電話して申し込む
(午前9時〜午後5時まで、年末年始を除く)

詐欺に
使われやすいので
お早めに!

●携帯電話からの場合

NTT 東日本　0120-116-000
(午前9時〜午後5時まで、年末年始を除く)

NTT 西日本　0800-2000-116
(午前9時〜午後5時まで、年末年始を除く)

アドバイス
そもそも、この電話帳に電話番号を掲載する決まりはないのです。詐欺被害に遭う前に、削除しましょう。

防犯のコツ

052

詐欺

徹底的に無視を決め込む

「未納です」は絶対に払わない

利用した覚えのない使用料の請求が、電話やメールでくることや、裁判所などを装った郵便物が届くことがあります。いわゆる「架空請求詐欺」です。**身に覚えのない請求に対しては、無視が最善策。**請求書やメールに記載されている電話番号に連絡をしてしまうと、逆に個人情報を漏らすことになります。メールはすぐに消去しましょう。

もし、本当かどうか不安な場合は、消費者ホットライン「188番」に連絡をして、相談してみましょう。

アドバイス

本物の未払請求の場合があるかもしれないので、判断がつかない場合は「188番」に電話しましょう。

防犯のコツ

053

詐欺

ラッキーと思わせるのが手口

「ATMで手続きができる」は詐欺

突然電話が鳴り、「年金の未払分がある」や「医療費の過払い分を返す」「還付金がある」などと言われ、必要な手続きだと称し、ATMを操作させられて逆にお金を騙し盗られてしまうことがあります。**高齢者に「お金が戻ってくる、ラッキー」と思わせるのが手口。ATMを使って、お金が返ってくることは絶対にありません。**公的機関の名前を出されても、信用してはダメ。また、電話で伝えられた連絡先などはニセモノなので、その番号への電話はしないようにしましょう。

体験談

年金事務所の職員だと名乗る人から、「年金の未払いがあります」と電話が。何の疑いも持たずに、素直に信じてATMを操作したところ、還付金詐欺の被害に遭いました。

防犯のコツ

054 詐欺

知らない人から送付されたメールは罠
URLや添付ファイルは開かない

金融機関や有名企業を装ったメールを送りつけ、偽装されたサイトに誘導するリンクやURLをクリックさせることで、口座番号やクレジットカードの番号、パスワードを盗み、不正利用する「フィッシング詐欺」があります。「再配達の荷物があります」「あなたのアドレスに不正アクセスがありました」「クレジットカードの利用が止まりました」など、不安をあおるような内容であることが多いです。

そのため、**不審なメールやショートメールについているURLや、添付ファイルは、間違っても開かないことが得策。**パソコンのOSやスマホのアプリは、こまめにアップロードして、常に最新バージョンにしておきましょう。

覚えのない連絡は徹底的に無視!

あやしいメールは
クリックしない!
重要なお知らせ
アカウントの再設定
ユーザーID
パスワード
大変だ!
早くやらないと!
抽選に
当たりました!
おめでとうございます!
以下のサイトから
手続きをしてください
URL
http://~~~~
ええっ
本当!?

アドバイス

「緊急」をあおるような文面は焦って思わずクリックしがち。それが罠。急かされるメールは無視しましょう。

防犯のコツ

055

詐欺

キャッシュカードは人に渡さない

買い物をお願いするときも注意

警察や銀行員を装う人から、「キャッシュカードやクレジットカードが不正に利用されている」と連絡があり、カードを準備させたうえで、**隙を見てそのカードを奪ったり、すり替える詐欺**もあります。何があってもカード類は人に渡してはいけません。

また、**介護ヘルパーに買い物を依頼する際も、クレジットカードは渡さず、必ず現金**で対応しましょう。

すでに渡したことがある場合、念のためIDやカードは作り直し、カード明細は細かくチェックしましょう。

アドバイス

さまざまなところに使うパスワードは、使い回さず、面倒でも必ず定期的に変更するようにしましょう。

防犯のコツ

056

詐欺

金融情報を人に話さない

プライベート情報も同様に

詐欺犯の狙いの多くは、お金。できるだけ多くのお金を搾取したいと思っているはずです。そのため、「どの家にはお金がありそうだ」というネタを探る情報屋がいて、その情報が売買されています。

そのため、所持金や預貯金額、保有している株式、貴金属、年収、年金額などのあらゆる**金融情報は、決して外に出してはいけません**。

また、詐欺につけ込まれそうな病気や身内の死、子どもや孫の受験などの個人情報もできるだけ内密にしましょう。

アドバイス

ふるさと納税の返礼品をSNSにアップしたことから、おおよその年収がバレることもありますよ。

防犯のコツ
057
詐欺

送りつけ詐欺に遭わないために
宅配便の受取情報は家族で共有する

ネットショッピングを利用し、毎日のように荷物が届くお宅では中身を気にせずに何でも受け取ってしまいがちです。また、テレビショッピングや通販の商品を代引きを利用して買う人もいるでしょう。

そこで注意が必要なのが、**数千円の品物が代引きで届く「送りつけ詐欺」**。代引きではなくても、**業者が荷物の受け取りを確認したあとで、高額な代金を請求されることも**あります。

家族と住んでいる場合、身に覚えがなくても「娘が頼んだのね」などと受け取ってしまいがち。不審な荷物を受け取ることのないよう、**宅配便が届く情報は家族で共有**しておく必要があります。ボードなどに記入し、目につく場所に掲示しておきましょう。

荷物の受取予定は家族で共有

ホワイトボードなどに家族が購入した通販の商品や宅配で届く品物を一覧にしておきます。可視化して共有しておくことが、送りつけ詐欺予防には効果的です。

送りつけ詐欺の例

ケース1

3,000 ~ 4,000円くらいの代引き荷物が届く

↓

数千円だからと、お金を支払って受け取る

↓

開けてみたらゴミだった

ケース2

見覚えのない宛先から商品が届く

↓

受け取ると、中身が洋服だった

↓

後日、高額な支払い請求書が届いた

体験談

孫が頼んだ商品だと思い、5,000円ほど代引きを代わりに支払って受け取りました。あとで孫に確認すると、頼んでいないと。そのときはじめて詐欺だと気づきました。

防犯のコツ
058
詐欺

「お伺いします」には注意

買い取り業者は自宅に入れない

断捨離や終活ブームにより、家の中のものを整理する人が増えています。それを狙い「着物や貴金属などの不要なものは出張買い取りします」という広告をよく見かけます。

業者の方を家に入れてしまうと、貴金属などを正当な価格より安価で買い取っていく被害があります。家にまで来てくれて一見親切そうですが、家の中を物色されたり、強盗に発展することも。業者を家に入れなければいけないときは、2人以上で対応しましょう。

アドバイス

不要品を売りたいときは、必ず信用のおける業者に一度出向いてから、必要あれば来てもらいましょう。

防犯のコツ
059
詐欺

急いで買わない！

「今だけ」「お得」などの売り言葉に注意

弱みにつけ込んで商品を買わせる健康商法や霊感商法、「高配当」「必ず儲かる」などの利殖商法、「今だけ」「お得」「閉店セール」とあおり文句のついた商品などは、詐欺の可能性が高いと言えます。

おいしい話には「必ず何か罠がある」と思いましょう。特に精神的に弱っているときほど、注意が必要です。「本日限り」「限定○名様」「これを逃したらない」などと、購入者を焦らせるような言葉があるときこそ、一旦冷静になって、本当に購入してもよいものか判断しましょう。

体験談

「本日限りの特別価格」だというので、健康食品をまとめて買ってしまいました。しかし、一向にその効果を得られていません。販売員を信じてしまったのが、間違いでした。

防犯のコツ 060 詐欺

面倒でもしっかりとかける
郵便受けの鍵は必ず施錠する

特殊詐欺は電話からとは限りません。郵便受けに鍵はかかっていますか？　そもそも鍵がついていますか？　特に集合住宅の集合ポストはダイヤルを回すのが面倒だからと、無施錠の人が多いです。**戸建て、集合住宅、どちらであっても郵便受けに鍵は必須。**

なぜなら、郵便受けから郵便物が取られて個人情報が盗まれているから。郵便物が取られていないと思っても、封筒の中身だけを取り出して封をして戻す、悪質なケースもあるので注意が必要です。封筒の中身があなたの金融情報だったら、さらに大変です。

またゴミをあさられることも。**個人情報が書かれた郵便物は、必ずシュレッダーにかけるか、個人情報隠しのスタンプを押してから、捨てましょう。**

郵便物やゴミから個人情報が盗まれる

郵便受けには
必ず鍵をかける

個人情報が
書かれたものは必ず
シュレッダーにかける

アドバイス

郵便受けや集合ポストに合鍵を入れている人は、絶対にNG。ポストの隙間から簡単に取れるんですよ。

防犯のコツ 061 詐欺

フリーWi-Fiには接続しない

無料でも、公共のものでもNG

個人情報の流出のほとんどは、インターネットからです。気づかれないうちに個人情報が盗まれて、悪用されているケースもあります。

そこで**注意したいのが、無料のフリーWi-Fi**。外出先でスマホやパソコンをWi-Fiにつなげて使う人もいますが、公共のものであっても使わないほうが無難です。利便性は高いですが、暗証キーのない無料のWi-Fiにアクセスすると、**個人情報が漏れる可能性が**。自動接続機能は基本的にオフにしておきましょう。

アドバイス

もし、公共のWi-Fiを使うのであれば、鍵マークのついた暗証キーが必要なものだけにしましょう。

防犯のコツ 062 詐欺

現在進行形のことはSNSに投稿しない

投稿はすべて事後報告に

きれいに撮れた写真を人に見せたい、今日はこんなところに来ている、今旅行中など、毎日のSNSの投稿が生きがいになっている人もいるでしょう。

しかし、あなたのSNSを見ているのは、家族や友人だけとは限りません。**生活パターンや旅行の日程など、留守がわかるような投稿は控えて**。一刻も早く、リアルタイムで投稿したい気持ちはわかりますが、旅行自慢などの投稿はすべて事後報告にしましょう。また、話し声が大きく、個人情報のだだ漏れな人もご注意を。

アドバイス

冠婚葬祭の日程をSNSに投稿するのも注意。その家に誰もいないことが、犯罪者にバレてしまいます。

防犯のコツ 063 詐欺

資産や個人が特定できてしまう

SNSに自宅や車の情報は載せない

有名人がSNSに自分の生活を投稿しているので自分も発信したいと、安易な気持ちで自撮り写真や自宅の写真を載せるのは、かなり危険です。**自宅の中や玄関前、ガレージなどの写真には、住所などさまざまな個人情報が映り込んでいることがあります。**

また、写っている車やブランド品、間取りから資産がわかったり、その家の侵入方法が明らかになってしまうこともあるのです。さらに、窓ガラスに映る風景から、家が特定できてしまうことも。

SNSでつながっている人が、すべてよい人とは限りません。拡散した先にはあなたの資産を狙っている人がいるかもしれません。知らないうちに個人情報が拡散されてしまうことのないよう注意しましょう。

個人や行動が特定されるSNS投稿は注意

体験談

「このバッグを買ったよ」とうれしさのあまり少し自慢気に、自宅の庭で撮った写真をSNSに投稿をしました。しかし、その数か月後、泥棒に入られて……。投稿しなければよかったです。

防犯のコツ
064
詐欺

日本語や漢字がおかしなサイトで購入しない

利用明細もしっかりチェック

買い物がワンクリックで済む世の中になり、ネットショッピングを利用する人も多いでしょう。サイトでの買い物時に注意があります。**書いてある日本語や漢字が不自然ではないか、価格が異常に安くないか、または振込先が個人口座ではないかなど確認しましょう**。日本人になりすました外国人が、偽サイトをつくって売っていることもあるのです。買ったものが届かないこともしばしば……。

また、クレジットカードの情報が盗まれ、不正利用されて大金が引き落とされることもあります。さらに、最近は少額で何回にも分けて引き落とされるケースも。クレジットカードの利用明細は、毎月しっかりと細部まで確認するようにしましょう。

利用明細はこまめに確認

体験談

気に入った柄の洋服があり、3,000円だと思って、ネット購入したところ、3,000元(=62,000円ほど)を請求されました。サイトはしっかりと読んでから購入しなければと、思い知らされました。

防犯のコツ

065 詐欺

墓地や老人ホーム……
高齢者の**心理**につけ込む**詐欺**にも注意

「富士山の見える墓地に永代供養できますよ」「ホテルのような設備の老人ホームで生活できますよ」などと、実在する墓地や老人ホームのパンフレットを持参し、高齢者の家を狙って訪問販売してくる悪徳業者がいます。実際のホームページを見せてセールスしてきたり、「今なら1区画が100万円と安いですよ」と買わされ、その後連絡がつかなくなり、問い合わせると、契約していないことも。パンフレットだけで契約せず、**必ず施設などを現地見学してから契約しましょう**。

体験談

子どもや孫たちに迷惑はかけたくないという思いから、終の棲家を探そうと、施設も見ずに契約してしまいました。すると、写真とは似ても似つかない設備の施設だったのです。

防犯のコツ

066 詐欺

ロマンス詐欺に気をつけて
ダイレクトメールには返信しない

見ず知らぬ人からSNSのダイレクトメールや、友だち申請がくることがあります。**うっかり返信や承認をしてしまうと、言葉巧みに騙され、会ったこともない人から、お金を要求されることも**あります。「ロマンス詐欺」です。

このような連絡をしてくるのが、日本人だけとも限りません。国際的なロマンス詐欺も多発中。知り合った途端、熱烈にアピールされて急に「結婚したい」などと言われたらあやしみましょう。年齢、男女問わず要注意。

アドバイス

実際に会ったこともない人にお金を送って欲しいと言われたら、間違いなく詐欺。送金後、連絡はなくなります。

防犯COLUMN

個人情報はここから漏れる

個人情報はどこにも公開していないから、詐欺に引っかからない、なんてことはありません。パソコンやスマホが普及し、買い物も簡単にできるようになった昨今、住所や電話番号、クレジットカードの情報など、個人情報を記載する場面はさまざまなところにあるのです。安心して使っていたサイトがハッキングされて、情報が流出する危険性さえあります。

相手はプロです。ありとあらゆる方法を駆使して、個人情報を入手します。そのため、私たちはなるべく個人情報を漏らさないように注意するしかないのです。

「○○ちゃんを助けよう」「△△の誘致反対」などといった署名活動に詐欺が紛れている場合があります。不用意に街頭で住所や名前を記載するのは厳禁です。

ネットショッピング

本人認証サービスやSSLと呼ばれる暗号化がされていないサイトでは、個人情報が漏洩することがある。

ブログ・SNS

ブログやSNSに住所や本名、家族構成などが特定できる投稿はしない。激安情報の広告のクリックも注意。

アンケート

街頭アンケートや署名など、気軽に書き込んだ個人情報が悪用されて、情報が売買されることもある。

フリーWi-Fi

セキュリティが甘く、パスワードのない無料で利用できるWi-Fiに接続し、個人情報を書き込むのはご法度。

顧客名簿

規制は強化されているが、デパートやゴルフ場の顧客名簿、高級車の購入者リストなどが売買されている。

第4章

家庭での事故を防ぐコツ

家庭の中でも多くの事故は起こります。
この章では、危機管理アドバイザーの
国崎信江先生にその予防策を教えてもらいます。

暮らしの中の
ちょっとしたうっかりが
命の危険に！
国崎先生

「まだまだ若いから足腰の心配なんていらないわよ」

……お母さん
自宅で起こる事故で、一番多いのは転倒・転落による死亡事故だって知ってる？
知らない
そろそろ手すりつけたり、段差なくしたり、バリアフリーにしたほうがいいんじゃない？この家まったくそういうのないじゃない
段差
大丈夫、まだ足腰丈夫よ
さっきのは洗濯物を抱えてたし
足元が見えづらかったから……

それこそ危ないんだから、干場を1階に持ってくるとかさぁ
ええ〜
ベランダがあるのに〜？
フローリングの床もすべりやすいんだってよ
ツル
ツルー
ホラ ゴンだってすべるの いやだよねぇ
そうなの？
えーー
掃除もしやすいし、フローリングにあこがれてたのに
ワン
でも転んでからじゃ遅いから、バリアフリーにする準備しようよ
まだまだ若いと思ってても油断は禁物なんだって
まだ若いもん
みさとだっていい年してそんなかわいい靴下履いて〜
まだ若いもん
モコ
モコ

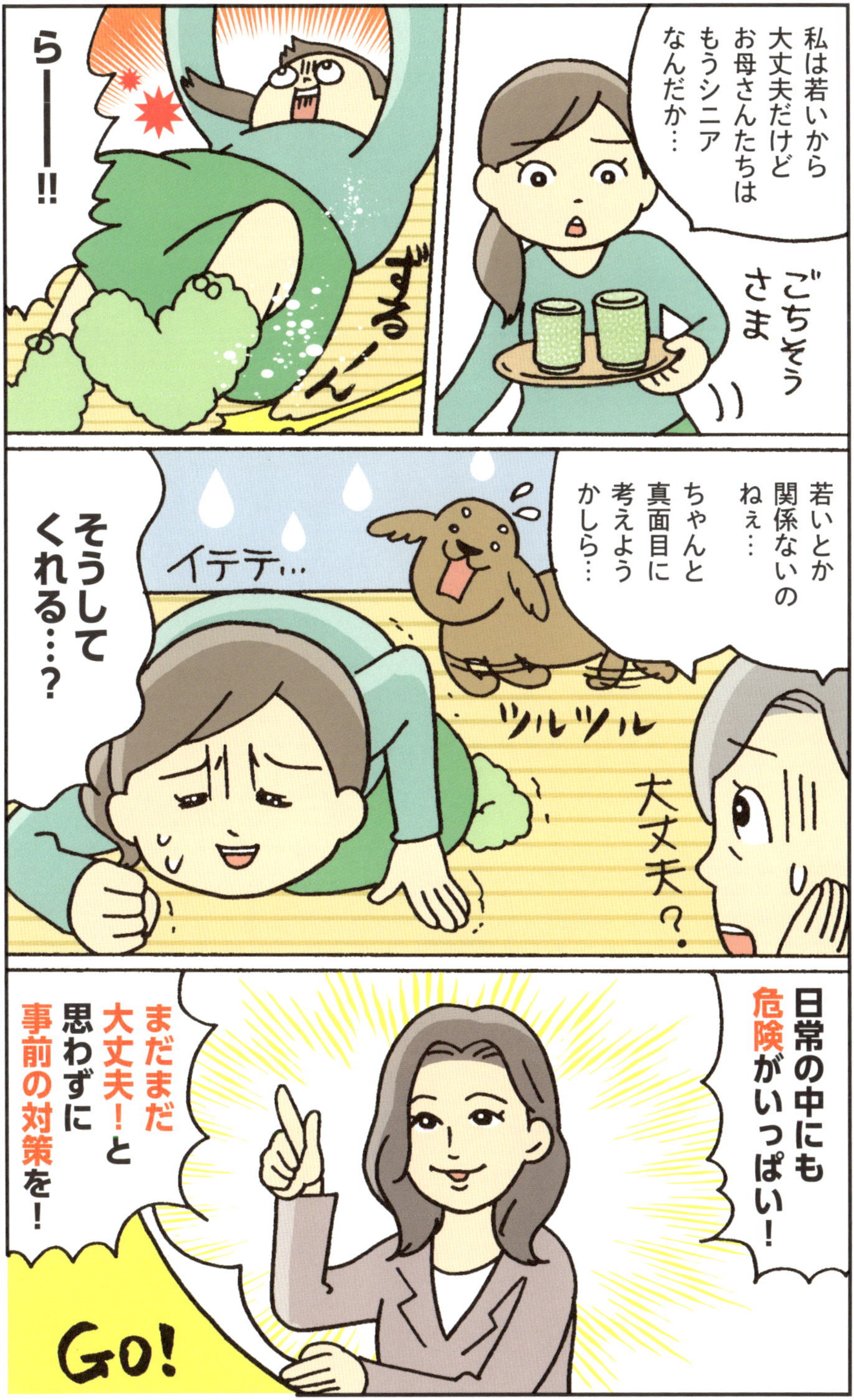
私は若いから
大丈夫だけど
お母さんたちは
もうシニア
なんだか…
ごちそうさま
ずるーん
らーーー!!
若いとか
関係ないの
ねぇ…
ちゃんと
真面目に
考えよう
かしら…
大丈夫?
ツルツル
イテテ…
そうして
くれる…?
日常の中にも
危険がいっぱい!
まだまだ
大丈夫!と
思わずに
事前の対策を!
GO!

防犯のコツ

067

自宅事故

外出時以外もしっかり持ち歩く
スマホは自宅内でも常に携帯する

住み慣れた自宅で多くの事故が起こり、その結果として命を落とす人がいるのは事実です。事故は不意に発生するので、いつ何時でも備えておく必要があります。

そこで**命を守るための必需品としておすすめするのが下記の「命のウエストポーチ」**。緊急時にSOSを呼べるように、スマホや携帯電話を肌身離さず持ち歩くのです。ポーチは100円ショップなどでトラベル用に売られている薄くて軽いものがいいでしょう。災害時に身動きが取れなくなった場合や、強盗などに侵入されたとき、トイレに閉じ込められたときになどにも役立ちます。**朝起きたら身につけ、入浴時と就寝時に外すくらいの習慣に**するとよいでしょう。

「命のウエストポーチ」の作り方

- スマホや携帯電話
- 鍵
- ペン
- メモ帳・付箋
- 常備薬

ウエストポーチに入れるだけ

おすすめのSOSアプリ

Coaido119

119番通報しながら、周囲にSOSを発信でき、緊急情報を共有するアプリ。事前に登録した周囲にいる医師、看護師などが駆けつけてくれる。

iOS版

現在はiPhoneのみで提供。Android端末は将来的に対応予定です。

アドバイス

急な体調不良、転倒、閉じ込めなど、とっさのときにスマホを持っておらず、SOSが呼べないことが多いです。

防犯のコツ 068 自宅事故

マット類はすべり止めをつけて

すべりやすい靴下やスリッパは履かない

安全そうに思える家の中でも、加齢に伴う足腰の痛みや筋力の衰えから、少しの段差などで転びやすくなります。

特に注意が必要なのが、すべり止め対策のない玄関やトイレ、キッチンのマット、すべりやすいスリッパや靴下です。なかでも冬用のモコモコした靴下は要注意。暖かいからと重宝する人が多いですが、加齢により足がうまく上がらなくなったり、視界が狭まったりしてくると、転倒の要因になってしまうのです。**マット類は思い切って撤去するもの一策**です。足元が寒くて靴下やスリッパが必要な場合は、かかとがしっかりと覆われている転倒予防シューズを選ぶとよいでしょう。

廊下や階段は特にすべりやすい

玄関マット、トイレマット、
スリッパなど
すべる原因は撤去

アドバイス

フローリングが寒いのであれば、一面をカーペットにリノベを。掃除のしやすいジョイントマットを敷き詰めても。

防犯のコツ

069 自宅事故

段差に注意し、足元灯をつける

少しでも暗くなったら点灯

加齢に伴い、白内障が進むことで、細かいものや暗い場所でものが見えにくくなり、つまづきや転倒をしやすくなることがあります。段差が多い家、廊下や階段が暗い家では、特に危機意識が必要です。

薄暗くなった夕方や暗がりの中での玄関の段差や階段、廊下と部屋との段差などには細心の注意を。**廊下や階段、玄関には、人感センサーで点灯するライトや、足元灯がおすすめ**です。コンセントに挿すだけで設置できるものもあるので、ぜひ購入を検討してみましょう。

体験談

以前、深夜にトイレに行く際に廊下で転んでしまったことがあります。それ以降トイレまでの動線には足元灯をつけました。暗くなったら自動でライトがつくので、とても便利です。

防犯のコツ

070 自宅事故

介護保険による補助金も

階段には両側に手すりをつける

階段を踏み外して転び、足の骨を折ったり、尾てい骨にヒビが入り歩けなくなったりして、そのまま寝たきりになってしまう人が後を絶ちません。このように階段での事故は多いのです。

そのため、少しでも足元がおぼつかないと不安を感じたら、**家の廊下や階段に手すりをつける工事を検討しましょう**。その際に注意することは、**必ず両側に**。

要支援・要介護の認定を受けていれば、介護保険で工事の補助金が受け取れます。お住まいの市区町村に確認を。

アドバイス

階段の踏み板に観葉植物などの荷物を置くのはNG。動線を狭めて、踏み外しのリスクを高めます。

防犯のコツ
071
自宅事故

転倒の要因はすべて取り払う
動線上にはコード類を這わせない

部屋に入り、テレビを見るためにいつもの定位置に座る、そんな何気ない日常の一コマにも、転倒のリスクは潜んでいます。

その動線にテレビ、固定電話、スマホの充電器、電気ポットなどのコード類が這っていませんか？　これらの**コード類は転倒の原因に**なりかねません。生活動線上にある場合は、**家具の配置を変える、壁沿いにコードを這わせる、ケーブルボックスに入れるなどして、対策を**講じましょう。

また、扇風機やこたつ、加湿器など、いつもと違うところに出した季節家電のコードは、特に注意が必要です。家電を置く場所とともに、コードをどこから伸ばすのかも考えて、配置しましょう。

［ いつもと違う場所にあるコードに注意 ］

ラグの段差、こたつ布団にも気をつける

アドバイス
特に冬場は、こたつ、電気カーペット、加湿器などいつもと違うところにコードが多いので、要注意です。

防犯のコツ
072
自宅事故

ちょい置きが危険を高める

自宅のものを減らし、断捨離する

人生を重ねるにつれ、生活備品が多くなりがちです。また、すぐに使うからと、テーブル近くの床にものをちょっと置いたまま、片付けるのが面倒で見ないようにしている人もいるでしょう。そんな数多くのものが、転倒のリスクを上げるのです。

そこでおすすめなのが「**断捨離**」。**家の中のものを物理的に減らします**。年齢を重ねるにつれ、掃除なども面倒になりがち。「まだ若いから」と過信せず、少しでも若いうちに自宅内の事故原因を取り除く準備をしましょう。

体験談

ちゃぶ台の横に新聞紙やチラシ、電気ポットなどを置き、すぐに手が届くようにしてありました。しかし、床に置いてあった新聞紙ですべって転び、骨折をしてしまいました。

防犯のコツ
073
自宅事故

暗い部屋は転びやすい

家の中の照明を明るいものに替える

50代以降の半数の人が白内障を発症し、80代になると99％の人が白内障になります。すると、視野が狭くなり、ものが見えにくくなるのです。

そのため、特に**夕方以降は、部屋の中の灯りを明るい照明にしておく**必要があります。暗くなったら電気をつけるのではなく、**明るいうちからつける**ようにしましょう。また、**電球を明るいLED灯に**することもおすすめです。

電気代の節約もでき、電球を替える頻度も減らせるので、一石三鳥になるでしょう。

アドバイス

電球の交換をしようとしてイスから転落……。なんてリスクを減らすためにも電球寿命の長いLED灯に。

防犯のコツ 074 自宅事故

届かないところは使わない
吊戸棚には軽いものを置く

キッチン上の吊戸棚には、どのようなものを置いていますか？　使用頻度の低いもの、季節ごとの調理器具などを置いている人もいるでしょう。

吊戸棚は出し入れの際、中のものが崩れて落ちてくることがあり、とても危険です。崩れそうなものを押さえようとして、ケガをすることもあるのです。

届かないところは使わないか、**吊戸棚にはタッパーなどの軽くて安いもののしか置かないようにしましょう。**もし崩れてきても、そのまま床に落とせばよいのです。

体験談

吊戸棚にしまってあったおせちの重箱を取ろうとして、バランスを崩し、イスから転倒。大晦日に病院に行くことになりました。高いところにものを置くのはやめています。

防犯のコツ 075 自宅事故

危険な作業はプロに
庭木の手入れや雪下ろしは人に任せる

若い頃から庭いじりが好きで、趣味として続けている人も多いでしょう。しかし、脚立やはしごなどの高い位置からの転落も自宅内の事故として少なくありません。

そのため、**特に高い位置の庭木の剪定は、プロの業者に頼むのが先決。**どうしても自分で行いたい場合は、一人で行わず、脚立やはしごを支えてもらって行いましょう。同様に雪下ろしも危険な作業。シルバー人材センターに依頼すると、比較的安価でやってもらえます。

アドバイス

庭木の剪定頻度を減らす、庭じまいもおすすめ。手のかからない植物に替えるのもよいでしょう。

防犯のコツ

076

自宅事故

食事の仕方に気をつける

のどを湿らせてから食べ物を食べる

自宅で起こる事故として、転倒・転落によるものの次に多いのが、食べ物の誤嚥《ごえん》による窒息です。

正月に餅をのどに詰まらせるのは、みなさん注意をしていますが、他にも**飲み込めると思ったものが飲み込めなかったというケースが後を絶ちません**。特に注意したいものは、下記の通りです。

誤嚥を防ぐには、ひと口を小さくすること、早食いせずにゆっくり食べること、食べる前に飲み物でのどを潤してから食べることが大切です。

もし、食べ物がのどに詰まってしまったときは、食べ物を詰まらせた人を立ってうつむかせた状態で、左右の肩甲骨の間を叩く「背部叩打法《はいぶこうだほう》」を行い、すぐに救急車を呼びましょう。

飲み込みに注意したいもの

パサパサしたもの

パン、焼き魚、カステラ、ビスケットなど

ベタベタしたもの

餅、団子など

固くてまとまりにくいもの

こんにゃく、たこ、ごぼう、たけのこなど

サラサラした液体

水、お茶、味噌汁など

体験談

毎日食べているものだからと安心していたのに、ごはんがのどに詰まってしまったことがあります。「詰まることもある」という意識を持って食べるが大切だと、改めて思いました。

防犯のコツ 077 自宅事故

誤飲しそうなものをつくらない

誤飲したら危険なものを置く場所を決める

誤飲してしまうものは、食べ物だけとは限りません。入れ歯の洗浄剤やつけ置きの漂白剤を誤って飲んでしまうケースが実は多いのです。また、保管に便利だからと洗剤や漂白剤、殺虫剤を別の容器に移し替えて使っていて、誤飲してしまう事例もあります。

予防策は、**「危険なものを置く場所を決める」「容器は移さず使う」「注意を大きく書く」**ことです。自分自身が間違って飲まないため、家族に注意を促すためにも大きな字で張り紙をしましょう。

メモを探しているうちに注意事項を書いて貼ることを忘れてしまう人も。そのため、92ページの「命のウエストポーチ」の中にはメモ帳や付箋、ペンを入れておき、すぐに書いて貼るクセをつけるとよいでしょう。

誤飲注意は張り紙で案内

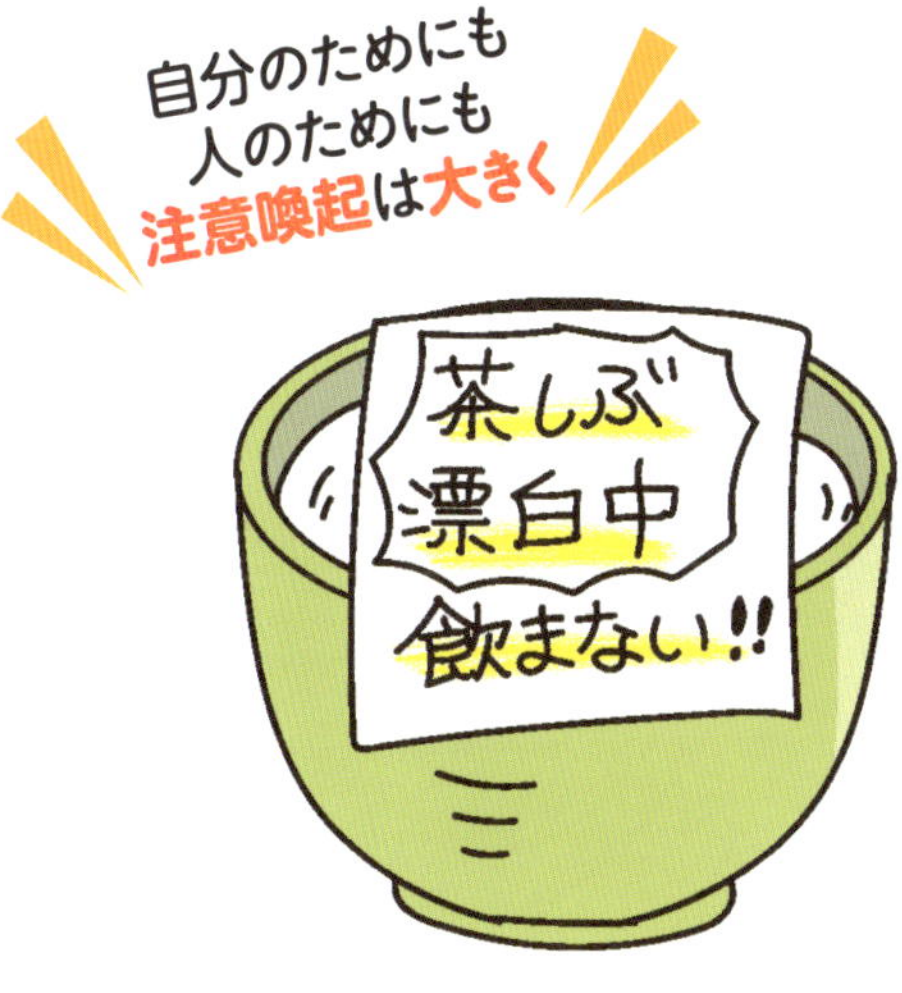
自分のためにも
人のためにも
注意喚起は大きく
茶しぶ
漂白中
飲まない!!

アドバイス

あとで書こうとすると忘れてしまうので、その場で書けるように「命のウエストポーチ」にはメモ帳とペンを。

防犯のコツ

078

自宅事故

浴室での死亡事故は年間2万人

寒暖差によるヒートショックに注意

寒い脱衣所・浴室から温かい湯船に浸かると、急激な温度変化が起こり、血圧が変動します。それが原因で脳卒中や心筋梗塞が起こる「ヒートショック」により、死に至るケースが年間2万件ほどあるとされています。

対策として、脱衣所や浴室を先に温めておくように言われますが、脱衣所にヒーターを置くと火災の原因になることも。そこで**おすすめするのが「バスローブ」**。浴室を出るときにバスローブを着て、温かい部屋に行ってからパジャマに着替えればよいのです。

また、湯船にお湯をためるときは、ふたをせずにお湯をためて、浴室内を温めましょう。浴室暖房があれば、ケチらずつけながら入るといいでしょう。

【バスローブでヒートショック対策】

プールバッグにバスローブとスマホを入れて

アドバイス

リビングと廊下、トイレなどの寒暖差でもヒートショックは起こるので、１枚羽織って部屋を出ましょう。

防犯のコツ 079 自宅事故

すぐに取れて便利だけれど……
コンロの奥と横に調味料は置かない

住宅火災での死者は7割が高齢者。火事に気づいたものの逃げ遅れてしまったり、不注意やうっかりによって火災を起こしてしまうこともあるのです。

キッチンでの火災で多いのが、着衣着火です。コンロに火がついたまま鍋やフライパンを移動させたり、コンロの奥や横に置いた調味料を取ろうとしたりして、衣服に火が燃え移り着火してしまうのです。衣服に火が直接触れなくても、火から放射される熱によって、火がつくこともあります。

また、**調理中は絶対に火から目を離さないこと**。来客や電話でちょっとだけのつもりが話し込み、火をかけていることを忘れてしまい、出火してしまうというのが高齢者には特に多いです。

奥や横の調味料を取ろうとして着衣着火

調味料はコンロ下に収納する

家庭用消火器は設置してありますか？ 使用期限を確認し、期限が切れているものは取り替えましょう。

アドバイス

袖口が広い服装は避け、着火しにくい防炎エプロンやアームカバーなどを着用すると安心です。

防犯のコツ 080 自宅事故

電気ストーブも注意！

燃えやすいものを暖房器具付近に置かない

石油ストーブを使う人は火事にならないように気をつけている人も多いですが、実は、石油ストーブより電気ストーブが原因で発生している火災のほうが多いのです。

そのため、石油であっても電気であっても、暖房器具のまわりに衣類や新聞、座布団など、**燃えやすいものを置くのはご法度。ストーブの上で洗濯物を干すのも危険**です。風でカーテンがなびき、ストーブの火がカーテンに引火したというケースも。また、殺虫剤や整髪料などのスプレー缶も破裂の危険性があるので、暖房器具の近くには絶対に置かないことです。

ストーブの近くのカーテンやブラインド、絨毯、ラグなどは防炎物品にしておくと、なおよいでしょう。

カーテンや洗濯物は近くに置かない

乾かしていた洗濯物が落ちて火事になることも

アドバイス

火がついたままストーブを動かしたり、火を消さずに給油をするのは、引火の恐れがあり、絶対にやめましょう。

防犯のコツ
081
自宅事故

プラグにたまったホコリも
タコ足配線、コードの劣化には注意

電源タップやテーブルタップに、何本ものコンセントを挿すタコ足配線をしていませんか？ 電源タップは定格電力量があり、それを超えて使用すると火災や感電の原因になってしまいます。また、**コードの劣化、束ねすぎや巻きつけなどが原因で断線する**こともあり、断線したコードを使うと発火の危険が。

さらに、**プラグとコンセントの間にホコリがたまり、ホコリに火がついて出火することも**。使用していないコンセントには、コンセントカバーをつけておきましょう。

体験談

テレビの裏に置いておいた電源タップにホコリが積もっていて、そこから出火。冷蔵庫や大きな家具の裏もきちんと掃除をすることの大切さを、改めて実感しました。

防犯のコツ
082
自宅事故

火災予防のため、禁煙を
寝タバコ、吸い殻……タバコの不始末から出火

死者が出た住宅火災の原因の第1位は、タバコの不始末です。タバコを消したつもりが消えていなく煙が出ていた、タバコの火種が布団に落下したことに気づかず寝てしまったなどがあります。

タバコの火種は落下直後は燃え上がりません（無炎燃焼）。気づいたときには煙による一酸化中毒で身動きが取れなくなることもあるのです。

禁煙しないのであれば、寝タバコはしない、タバコの火は水で消火、吸い殻はためないをきちんと守りましょう。

アドバイス

仏壇に備えた線香もタバコ同様に無炎燃焼します。線香やろうそく、灯明の取り扱いにも十分注意しましょう。

防犯のコツ

083

自宅事故

気づかないから危険！

カセットコンロを使うときは必ず換気

冬の寒い時期には、自宅で鍋をする機会も多いでしょう。そこで大活躍するのが、卓上のカセットコンロです。しかし、使い方を誤ると火災の原因になってしまいます。

カセットコンロは、必ず換気をしながら使います。せっかく暖まった部屋の熱を逃がしたくない気持ちもわかりますが、一酸化炭素中毒の危険もあり、十分な換気が必須です。一酸化炭素は無色無臭なので気づきにくく、濃度によっては死に至ることもあるのです。

アドバイス

カセットコンロを覆う大きさの鍋やフライパンは使用NG。ボンベが高温になり、爆発の原因になります。

防犯のコツ

084

自宅事故

ゴミへの放火に注意

ゴミは決められた時間に集積場に出す

出火原因別火災の1位はタバコですが、放火と放火の疑いは合計するとタバコを超える件数に。火災の5件に1件は放火に関連するものなのです。

管理されていない空き家への放火も多いですが、翌日がゴミ収集日だからと、**前夜に家の外に出されたゴミに火を放たれるケースも**少なくありません。

放火犯は衝動的に犯行におよぶことも多いので、前日にまとめたゴミは必ず目につきにくい自宅の中に保管し、夜間には出さず、決められた時間に集積場に出しましょう。

アドバイス

新聞紙や雑誌の束、チラシのたまった郵便受け、自転車やバイクも放火のターゲットになりやすいです。

防犯のコツ
085
自宅事故

暑さを感じにくい高齢者は特に

エアコンと扇風機を併用して熱中症対策

家の中でも熱中症になります。熱中症で死亡した人の9割近くが65歳以上の高齢者。「エアコンが嫌い」と冷房をつけない人もいるでしょう。しかし、加齢により体温調節機能が低下しているため、汗をかきにくく、体に熱がこもりやすいのです。のどの渇きを感じにくいこともあります。つまり、異変に気づいたときにはすでに手遅れという場合もあるのです。

室温28℃、湿度60％超えは熱中症の危険ゾーン。エアコンと扇風機を併用して、温湿度計を設置します。室温が28℃以下になるように設定温度を調節し、湿度は40～60％を維持しましょう。そのうえで、**のどの渇きを感じていなくても、1時間に1回は水分を摂取することも大切**です。

温度計と湿度計を置く

エアコンと
扇風機を
併用する
こまめな
水分補給
温度計、
湿度計を
置く
風通しの
よい服装

体験談

熱中症は真夏にだけ起こるものだと思っていました。6月の暑かった日、明け方に具合が悪くなって救急搬送。熱中症との診断。こんな時期にという油断がいけませんでした。

防犯COLUMN

家族との定期連絡の大切さ

子どもたちが独立し、高齢者だけの世帯になることも多く、子どもが忙しくて連絡が取りづらいと、親世代からの連絡を控えてしまうケースがあります。

でもSNSが普及した昨今は便利です。メッセージアプリ「LINE」などを使うことで、気軽に連絡をとることが可能です。毎朝「おはよう」のひと言でも、「今日は○○をしたよ」という報告でも、孫やペットの写真を送るでも何でもよいのです。定期的に連絡を取っているだけで、電話番号を変えたという詐欺被害に遭うことはなくなりますし、体調の変化や最近の心配ごとなどを気にしてあげることも可能なのです。

また、離れて暮らす親に見守り家電を子どもがプレゼントしてあげてもよいでしょう。

LINEのグループトーク

家族のLINEグループ。他愛もない会話をしていることだけでも防犯に。常に連絡を取れる関係性が、事件・事故・被害に遭いにくく、すぐに相談も可能。

見守り家電

家電のスイッチを入れると、相手にメッセージが届く見守り家電。離れて暮らす高齢者が毎日使うもののひとつを、この家電にするだけでもよい。

第5章

外出先での事件・事故を防ぐコツ

高齢者が遭う被害は強盗や窃盗、
詐欺ばかりではありません。
外出時にも細心の注意は必要なのです。

外出中も危険は
あちこちに潜んでいます!

「ひったくりになんて遭わないわよ。私は大丈夫よ」

翌日
久々のおでかけだからウキウキしちゃう
行ってきま～す！
そうだ！忘れないうちに銀行に寄って行こうっと
BANK
ついでに入学祝金と生活費も下ろしておきましょ
BANK
大金だからちゃんとしまっておかないとね
もしもしなっちゃん？そう、銀行に寄ってお金下ろしてこれから向かうところ

ええっと…待ち合わせのデパートはたしかこの通りを抜けて…
がっ
ダッ
!!!?
ドロボー!!
返してえええ!

ヒッ！
危ない！
おまわりさーんこっちこっち
近年のひったくりは、ものだけを取るのではなく、人に襲いかかってくることもあるのよ
外出するときは、普段使う分のお金だけを持ち歩くようにすることも大切
ましてや通帳や印鑑などをいつも持ち歩くのも危険よ！
はい!!

狙われるのは大半が女性

バッグは斜めがけ。車道側には持たない

路上で背後から近づき、バッグを奪い去るひったくり。女性はバッグに財布を入れていることが多いので、その被害に遭いやすいです。犯人は犯行後、逃げやすいようにバイクや自転車に乗っていることがあり、被害者の多くは車道側に手提げバッグを持っていた人なのです。

そのため、**バッグは車道側で持たないこと**。さらに**ショルダーバッグにして斜めがけに**。**手提げバッグを持つときは、前で抱えて持ちましょう**。

両手が自由になるので、リュックサックを推奨されることがありますが、背後にあるリュックサックは後方でファスナーを開けられても気づきにくいことがあるので、あまりおすすめはできません。

バッグは前か斜めがけに

車道側には
持たない
バッグは
前で
リュックは
後ろを開けられ
ても気づき
にくい

アドバイス

スマホを見ながら歩いていると、周囲の状況に対しての警戒がゆるんでいるので、狙われやすくなります。

防犯のコツ 087 外出先

貸金庫を活用する

シルバーカーで大事なものを持ち歩かない

シルバーカーを押して、買い物に出かける人もいるでしょう。そのカートの中に、何を入れていますか？　まさか、財布、通帳、印鑑、多額の現金など、貴重品を入れていませんよね。自宅に置いていくのは不安という思いから、全財産をカートに入れて持ち歩いている人が多くいます。むしろ、**「ひったくってください」というサイン**になってしまいます。

貴重品の自宅保管が不安であれば、**貸金庫の活用を**。財布はウエストポーチなどに入れて持つといいでしょう。

アドバイス

自宅に置いておくものも、持ち歩くものも必要最低限の現金と、盗まれても惜しくないものだけにしましょう。

防犯のコツ 088 外出先

人けのない道は避ける

遠回りしてでも街灯のある道を歩く

犯罪は、人けのないところや、死角となる場所、街頭の薄暗い夜道などで起こりやすいのです。そのため、特に**夜の遅い時間は、多少時間がかかり、遠回りであっても、人通りの多い、街灯のある道を選んで歩きましょう**。

背後から近づく犯人は、ターゲットの警戒心をうかがっています。そのため、歩きスマホやイヤホンを装着しての歩行は、周囲への注意力や警戒心が無防備になるので、被害に遭いやすく危険。特に夜は控えましょう。

体験談

夜、人通りのない道で後ろから急に押し倒され、バッグを取られてケガをしてしまいました。あまりにも怖くて「助けて」と叫ぶこともできませんでした。今でも夜道が怖いです。

防犯のコツ

089

外出先

使い方を要チェック!

防犯ブザーを携帯し、ブザーは投げて知らせる

小学生のランドセルによくついているのを目にする「防犯ブザー」。子どもだけではなく、**高齢者も持ち歩いてほしいもののひとつ**です。もし事件に巻き込まれた際、大きな声で助けを求めることができますか? なかなか難しいでしょう。

防犯ブザーは、かなり**遠くまで聞こえるほどの大きな音が出るものを持つこと**。音が小さくては、意味がありません。また、**防犯ブザーは投げて使うもの**。犯罪者に襲われたときに、人家のある方向へ音を出してから投げて、逆方向へ逃げるのです。すると、犯罪者はそのブザーを止めようとするか、逃げていきます。鳴り響くブザーを持ったままでいると、犯罪者はあなたに襲いかかってくることでしょう。

防犯ブザーは人家のある方向へ投げる

体験談

孫が防犯ブザーを持ってることは知っていましたが、私も持つことに。使い方を始めて知りました。「鳴らす、投げる、逃げる」を心得て、常に持ち歩こうと思います。

おすすめの
防止ブザー

薄型プチアラーム 3
メーカー名:ヨシオ
価格:2,420 円(税込)

大音量のアラームと同時にライトが点滅。防水仕様で雨の日も安心。

防犯のコツ 090 外出先

人目に注意して行動を 大金を下ろすときは別室で対応してもらう

まとまった現金が必要なときや、月の生活費を下ろすときなどがあります。金融機関の窓口やATMでお金を下ろすときは、周囲に注意が必要です。**ATMではボタン操作による暗証番号を盗み見されないように**しましょう。

また、大金を下ろしたいときは**窓口では受け取らず、別室での受け取りをお願いする**ようにします。帯つきのお金が窓口のカウンターに置かれるところを見られてしまうと、ひったくりや強盗の格好のターゲットです。後をつけられ、路上や自宅で奪われることも。

金融機関に事前にいくらの現金を下ろしたいかを連絡し、「窓口ではなく、別室で受け取りたい」とお願いしてみましょう。

お金を下ろすときは周囲に注意

アドバイス
お祝い金や葬儀費用など、まとまった現金を下ろすときには、細心の注意を払う必要があります。

防犯のコツ

091

外出先

バッグは口が閉まるものを使う

人混みや電車内では注意

人混みで一瞬の隙をつき、財布などをサッと抜き取るのがすり。いつ被害に遭ったのかも気づきにくいことも多く、犯人逮捕につながりにくい場合も。

テーマパークなどの人混みや混雑した電車内では、どうしても隣の人との距離が近くなるので、バッグから貴重品を盗まれるリスクがあります。

特に**口が閉まらないタイプのバッグは要注意。ファスナーやひねり金具、マグネットでしっかりと閉まり、簡単に開かないタイプのものを持つようにし**ましょう。どうしても口の開いたものを持つときは、前で持ったり、財布などの貴重品がわからないように、ハンカチで覆ったり、ポーチや巾着などにまとめるような対策をしましょう。

バッグの中身は見えないように

人混みでの背負ったリュックは注意
中身が丸見えだ

アドバイス

満員電車、バーゲン、お祭り、イベント、公営競技場などでは人混みを利用したすりの被害に遭いやすいです。

防犯のコツ 092 外出先

袋詰時にも危険が

買い物カートにバッグを置かない

スーパーやホームセンターなどで買い物カートを使う際、バッグをどこに置いていますか？　まさか、カートの中にポンと入れていませんよね。

商品選びなどに夢中になっていると、カートから手を離して陳列棚を見たりと、バッグへの意識が薄くなりがち。そこが狙われています。**貴重品は必ず、肌身離さず持っているように**しましょう。また、買ったものを袋詰めする際も、周囲に注意。財布だけを持っている場合は、袋の中に財布を最初に入れるとよいでしょう。

体験談

サッカー台で、買い物したものを袋詰めしているときに、サッカー台の上に置いておいた財布を盗まれました。それ以降、袋の中に財布をまず入れるようにしています。

防犯のコツ 093 外出先

居眠りは狙われる

電車の中でバッグはひざの上に置く

電車の中でウトウトと、居眠りをしてしまうことがありますが、居眠りは完全な無防備状態。財布やスマホなどのすり、バッグの置き引きには注意が必要です。網棚の上に貴重品入りのバッグを置き、眠ってしまうのも危険です。**電車内ではバッグは必ずひざの上に置き、抱えて持ちましょう。**

また、飲食店などでイスの背にバッグをかけたり、隣のイスにバッグを置くのも、すり被害に。特に話し込んでいるときや旅先などでは注意が必要です。

アドバイス

酔いつぶれている人を「大丈夫ですか」と介抱するように近づき、財布やスマホを盗むすりもいます。

防犯のコツ 094 外出先

一瞬の隙が狙われる 井戸端会議や試食時は背後に気を配る

スーパーでの試食、実演販売、路上パフォーマンスの見物、井戸端会議など、人が密集していて別のことに意識が向き、注意が散漫になっているときは、すりや置き引きに遭いやすいです。**荷物から目を離した隙に持ち去るのが置き引き**。旅行中など、大きな荷物を置いて手を離し、スマホや地図などを見ているときも安心できません。

試食や見物、立ち話をする際は、必ず荷物を体の前側で持ち、リュックサックも前に抱え、常に片手はバッグから手を離さないなど、意識を持つことも大切です。

また、旅行中に重くて移動が大変でかさばる荷物などは、コインロッカーに預け、貴重品だけを持ち歩くようにするといいでしょう。

何かに夢中になっているときこそ注意

実演販売や大道芸を見ているときも危ない

体験談

友人たちとの旅行中、駅前で次にどこに行こうかと地図で確認していたとき、旅行バッグを丸ごと置き引きに遭いました。ほんの少し目を離しただけなのに、盗まれるとは……。

防犯のコツ 095 外出先

駅のホームでも要注意！ 線の内側で十分な距離をとる

混雑時の駅のホームは、すりなどの被害に遭う危険性もありますが、ホームドアがない駅では線路への転落の危険もあります。**駅のホームに限らず、横断歩道であっても先頭で待たないように**しましょう。急いで乗り込み、席を確保したいという思いもありますが、降りる人が最優先です。必ず線の内側で十分な距離をとって待つようにすること。

たとえホームドアがある駅でも、ホームドアについ触れてしまうことのないように、ホームの内側を歩きましょう。

アドバイス

乗車中の揺れや急ブレーキで転ぶこともあるので、手すりや吊り革には必ずつかまりましょう。

防犯のコツ 096 外出先

必ず手すりにつかまる エスカレーターは歩かない

最近では、「エスカレーターは歩かないように」と、注意書きがされていることが多くなってきました。急いでいるとついつい歩いてしまいがちですが、**本来は立ち止まって使うもの**です。エスカレーターは歩かないようにしましょう。

エスカレーターを歩くことで、転倒や踏み外し、転げ落ちのリスクも高まります。加齢に伴って、平衡感覚などが衰え、バランスを崩しやすくなっています。**エスカレーターに乗るときは、必ず手すりにつかまって。**

アドバイス

両手に荷物を持っているときや、シルバーカーを押している場合は、エレベーターを使いましょう。

防犯のコツ 097 外出先

ビビッときたら逃げるが勝ち 不審者とはすぐに距離をとる

道端や電車の中で傷害事件があったというニュースをよく聞く世の中になってしまいました。また、夜ばかりではなく、白昼堂々と凶悪な事件が起こることもしばしばです。

このような事件に巻き込まれないようにするには、**独り言をブツブツ言っている人、挙動不審な人などに近づかないこと**です。自分の第六感を働かせ、「怖いな」「気持ち悪いな」「悪そうだな」「あやしいな」「なんか変だな」とビビッと感じたら、まず距離をおきましょう。何かに**巻き込まれる前に、逃げるが勝ち**なのです。

電車内の場合は、次の駅に停車するまで逃げることができないので、車両を替えて、非常停止ボタンの位置を確認しておきましょう。

第六感を信じて立ち去る

アドバイス

マナー違反を注意したことで、逆ギレされて襲われることも。常識のない人に正論は通じないので、グッと我慢。

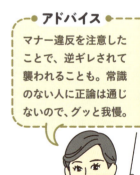

玄関先に置く、車の鍵にも注意
貴重品は車の中には置かない

車を停める際、鍵をかければ安心ではありません。駐車している車の中にあるものを盗むのが「車上荒らし」。車上荒らしに遭わないようにするためには、盗難警報機やドアセンサー、車内用のドライブレコーダーなどを設置することが有効ですが、まずは、**車内に貴重品を置かないこと**です。

また、最近では**車のスマートキーを悪用した「リレーアタック」という手口も**あります。鍵を差し込まずにドアロックを解除し、エンジンをかけることができるスマートキーの盲点をついたもので、玄関先にスマートキーが置かれていて、家の前に車があるような場合に、スマートキーから出る微弱な電波を傍受・増幅し、車ごと盗むのです。

車内の貴重品は常に狙われている

アドバイス

リレーアタックの被害に遭わないためには電波を遮断できるケースなどに鍵を入れることが、最適な予防策です。

おすすめの
リレーアタック防止ケース

リレーアタック防止用キーボックス

メーカー名：Griver
価格：3,780円（税込）

リレーアタックから愛車を守るスマートキーを入れるキーボックス。

防犯のコツ
099
外出先

標的にならない服装に

車への押し込み強盗にも注意する

デパートやショッピングセンターなどの駐車場で、車の鍵を開けた瞬間、急に車の中に押し込まれ、車内に乗り込んでくる「押し込み強盗」の被害に遭う場合があります。刃物などで脅され、貴金属を奪われることも、また不同意性交に遭う危険性もあるほど。

犯人は高級車に乗る人に目をつける以外に、高級ブランドの服やバッグで着飾った**お金を持っていそうな人を見つけ、車まで後をつけてくる**ことも。そのため、見るからにお金持ちそうな服装での買い物は細心の注意を。

アドバイス

出かけるときは着飾っていきたいものですが、誰が見ても高級そうな服装は、被害者になりやすいでしょう。

防犯のコツ
100
外出先

免許の返納も考える

逆走や踏み間違いに気をつける

高齢者による交通トラブルが後を絶ちません。いつ自分が当事者になってもおかしくないのです。道路の逆走やアクセルとブレーキの踏み間違いなど、いつ被害者を出してしまうかわかりません。

逆走運転の約7割は65歳以上の高齢者。センターラインを越えたり、標識を見誤ることで発生します。また、ハンドル操作などのミスをきっかけにパニックを起こし、適切な判断ができなくなり、事故を起こしてしまうことも。**場合によっては、運転免許の返納も考えましょう**。

アドバイス

高齢になっても運転を続けざるを得ない場合は、自動ブレーキなどがついた車に乗り換えましょう。

自分を守るために取りつける

悪質運転はドライブレコーダーで記録する

車にドライブレコーダーはついていますか？　あおり運転などの悪質運転はもちろん、相手の信号無視で事故が起きたときに、自分に否がないことを証明するためにも必要です。

購入の際は、**必ず360度全方位が撮影できるものに**。車の後方や、車内が撮影できるものがよいでしょう。また、「ドライブレコーダー録画中」というステッカーを貼っておくのもおすすめです。

そのうえで、**あおり運転をされたら、道を譲り先に行かせ、逃げることが先決**です。決して車を停めて窓やドアは開けることのないように。特に高速道路では二次被害に遭う可能性が高まります。また、しつこいときはできるだけ早く警察への通報も必要です。

ドライブレコーダーを車の前後につけよう

絶対に窓やドアを開けない
録画中
録画中
しつこいときは110番

体験談

高速道路を走行中、車間を詰められあおられて、ハイビームやパッシングをされてとても怖い思いをしました。すぐに110番したので、事なきを得てよかったです。

防犯のコツ
102
外出先

自転車の交通ルールをしっかりと守る

70歳以上は歩道走行も可能

自転車は道路交通法では自動車と同じ軽車両になり、安全運転を行う義務があります。また、今後自転車の交通違反の反則金制度の開始が見込まれており、信号無視や一時不停止、徐行をしない歩道走行、右側通行などの通行区分違反、携帯電話の使用などが対象となるようです。自転車は原則、車道の左側を走り、自転車レーンがあればそこを走ります。ただし、**70歳以上の高齢者は歩道を走行可能**です。なお、その際は歩行者が優先です。

2023年4月からは、**自転車運転時のヘルメット着用が努力義務化**されました。ヘルメットを着用することで、事故に遭った際の死亡率を下げ、ケガの度合いも軽減できます。

交通ルールをしっかり守って乗ろう

車道と自転車レーン

- 自転車は車両なので、原則車道を走る
- 対向車線の逆走は禁止

歩道

- 車道を走るのが危険な場合や、子ども、高齢者は歩道も自転車通行可
- 車道側を徐行して走行する

自転車用ヘルメット

ヘルメット着用は努力義務ですが、ケガの軽減や重大事故を避けるためにも被りましょう。

アドバイス

夜間走行時は、車から発見されやすいように、必ず反射材を身に着けて自転車を運転しましょう。

防犯のコツ 103 外出先

便利だが、事故に気をつけて
電動自転車のスピード出しすぎに注意

坂道もスイスイと登れる電動アシストつきの自転車に乗る高齢者も増えてきました。さほど力を入れてこぐ必要がないので、便利でしょう。しかし、身体機能が低下し、足の筋力が衰えていると、ふらついたりして転んでしまうこともあります。また、電動アシストつき自転車はとても重いため、**倒れたら起こすのにひと苦労**してしまいます。

またこの自転車は、**ママチャリよりスピードが出やすいので、スピードの出しすぎには注意**が必要です。

アドバイス

踏み始めの加速が速いので、信号待ちから発進するときには、周囲に十分注意してから乗りましょう。

防犯のコツ 104 外出先

ハンドルに吊るすのも危険
自転車のカゴにものを入れすぎない

高齢者にとって手軽な交通手段となる自転車。スーパーやコンビニなど、家の近所での買い物に便利な乗り物です。しかし、重い荷物を前カゴに入れたり、ハンドルに吊るしたりすると、走行中にバランスを崩し、転倒する危険性が高まります。

そこでおすすめなのが、**重い荷物を載せてもラクに運べる大人用の三輪タイプの自転車**。また、運転時の転倒や、乗り降り時の転倒を防ぐには、できるだけ重心が低く、サドル位置が低いタイプの自転車がいいでしょう。

体験談

キャベツにじゃがいも、牛乳……少し重いものを多く買って、自転車の前カゴに入れて曲がり角を曲がろうとしたとき、バランスを崩して転倒。危うく車にひかれるところでした。

防犯のコツ
105
外出先

高齢者は標的になりやすい
自転車のカゴにはネットをつける

ひったくりは、歩いているときだけでなく、自転車の運転中にも被害に遭うこともあります。高齢者はゆっくりと自転車を運転していることが多く、被害に遭いやすいのです。特に、**自転車の前後のカゴにカバンや荷物などを入れるのであれば、ひったくり防止用のネットやカバーをつけるのは必須**です。

さらに、自転車ごと盗まれるケースも後を絶ちません。そのために必要なのが「2つの鍵」。自転車本体の鍵をかけ、ワイヤーロックと自転車本体を固定してある物につなげて鍵をかけましょう。最近では、サドルなどの自転車のパーツを狙う泥棒も増えています。サドルと本体が離れないようにサドルロックを使って繋いでおいてもよいでしょう。

自転車のカゴにはカバーかネットを

おすすめの
ひったくり防止ネット

自転車カゴ用
飛び跳ね防止ネット
メーカー名：OGK
価格：オープン価格
どんな自転車のカゴにも取りつけ可能なひったくり防止ネット。

アドバイス

自転車泥棒は、外出先以外に、自宅で被害に遭うことも。自宅に停めるときも、ダブルロックは忘れずに。

防犯のコツ
106
外出先

当たり屋に警戒
前から来る人があやしかったら離れる

わざとぶつかってきて、ケガをした、物が壊れたと脅してお金を騙し取る「当たり屋」。自動車の運転中だけでなく、自転車の運転中や歩行中も警戒が必要です。治療費や慰謝料、示談金、修理費などを請求されることがありますが、**その場では応じない**ことが必須。**必ず警察を呼ぶように**しましょう。

出会い頭にぶつかってきたり、曲がり角で待ち伏せされていることも。前から来る人がおかしいなと思ったら、通りを渡って反対側に移動して歩くようにしましょう。

体験談

商店街を歩いていたら、急に男性がぶつかってきて、「スマホを落として割れたから、弁償してほしい」と5万円請求されました。すぐに警察を呼び、事なきを得ました。

防犯のコツ
107
外出先

横断歩道は無理に渡らない
次の青信号に変わるまで待つ

年を重ねるにつれ、筋力が衰え、歩行スピードが遅くなったり、視野が狭くなったりします。若い頃には問題なく渡れていた横断歩道も渡りきれなくなることもあるでしょう。

日本国内の信号は、約1秒間に1m歩くことを基準に設定されていますが、85歳以上になると歩行速度は1秒間に0.6~0.7mほどなのです。よって、特に道幅の広い大きな道路の横断歩道は、**渡ろうとした信号が青でも一旦赤になり、再び青に変わるのを待ちましょう。**

アドバイス

スイッチを押すと歩行者用の青信号時間を延長できる信号機が設置されている横断歩道も。確認しましょう。

防犯のコツ
108
外出先

渡り慣れたところでも
警告音が鳴ったら踏切には侵入しない

踏切での死亡事故の約4割が高齢者です。それは、渡りきれない、転んでしまう、耳が遠くて警告音が聞こえにくい、シルバーカーの車輪がひっかかった、警報機を見逃す、車での無理な侵入をしたなどが原因とされています。また、遮断器のない踏切での事故も数多く起こります。

渡り慣れた踏切であっても、**「このタイミングなら大丈夫」だと過信せず、自己判断による侵入は禁止**です。また、細いタイヤのシルバーカーはレールに足を取られやすく、はまりやすいので、踏切を渡る機会の多い人は、タイヤの太いタイプのものを使いましょう。

もし、踏切内に取り残されてしまったら、**大声で助けを呼び、非常停止ボタンを押してもらいましょう**。

太いタイヤのシルバーカーを使う

もし
取り残されたら、
非常停止ボタン
を押してもらう

アドバイス
タイヤがレールにはさまると急にパニックに。無理に脱出しようとせず、非常停止ボタンを押しましょう。

防犯のコツ

109 外出先

被害に遭わないためには

着飾った洋服や持ち物での外出は控える

おしゃれをして外出したいと思うのは、老若男女みな同じ。しかし、高級ブランドの服を着て、宝石をつけてバッグを持って歩くのは、犯罪者に「私を狙ってください」と言っているようなものです。**出かけ先で標的となり、尾行されて自宅がバレて、後日空き巣や強盗に入られることも**あるのです。

そこで、外を歩く際は、見るからにブランド品、高級だとわかる服装や、きらびやかな貴金属の装飾は控え、面倒でも**会場などに着いてから着飾る**ようにしましょう。

アドバイス

道の建物側を歩き、バッグを建物側に持つことも、路上でひったくりに遭いにくくする予防策です。

防犯のコツ

110 外出先

夜間は赤い服も目立たない

夜道は反射材のついた服装で歩く

高齢になると、地味な色の服装を好む人がいますが、交通事故予防には、おすすめできません。特に夕方以降の薄暗い道路では、車の運転手に認識されにくく危険です。運転手が歩行中の高齢者に気づかず、発生する事故が多いのです。

そこで、**夜道でも目立つ服装をすることが鉄則。昼間は目立つ、赤や黄、緑でも、暗闇では目立ちにくいので、白い服がおすすめ**です。さらに反射材をタスキがけにしたり、上着や靴などに反射材をつけましょう。

体験談

夜のウォーキングに地味な色は避け、赤い上着を着て出かけていたのですが、暗闇では赤は目立たないことを知りました。その後は反射材ベストを着て、歩くようにしています。

＼＼ 初期対応が大切！ ／／

泥棒に入られたときにまずやるべきこと

空き巣などの被害に遭った際にまずすべきことは、二次被害を防ぐこと。以下の順に落ち着いて行動しましょう。

1 警察に通報する

すぐに家を出て、まず何より先に警察に「110番」通報をします。犯人が家の中にいるかもしれないからです。現場保存のためにも、警察が到着するまで家の中には入らず、物などには触れないようにしましょう。

2 カード会社に連絡する

クレジットカードやキャッシュカード、通帳などが盗まれていないかを確認します。もし、盗まれていたら、カード会社や金融機関に連絡して、すべての利用を一時停止させ、不正使用されるのを防ぎます。

3 携帯電話会社に連絡する

スマホが盗まれていたら、キャッシュレス決済やSNSなどの悪用を防ぐため、携帯電話のキャリア会社へ連絡し、一時的に利用を停止。位置情報を追跡することもできますが、利用停止が最優先です。

4 被害品の有無を確認する

他にも被害品がないか確認します。その際、事前に貴重品類のシリアルナンバーやメーカー、車のナンバーや車種、自転車の防犯登録番号、車体番号などを記録してあると、被害届を出す際に役立ちます。

5 犯人の特徴を整理する

犯人を目撃したときは、犯人の服装や髪型、体型などの身体的特徴を記憶が新しいうちにメモに残しておきます。自宅に防犯カメラが設置してある際は、その動画や画像も保存しておきましょう。

6 被害届を出す

被害を把握したら、被害届や盗難届を提出。身分証や印鑑なども用意しておきます。届け出は、後日、警察署や最寄りの交番で提出することも可能。受理番号は保険申請に使うので、控えておきましょう。

スマホをなくした&盗まれたときにやるべきこと

キャッシュレス決済やアプリの不正利用を止めることが大切です。

1 利用を一時停止する

スマホを落としたり、盗まれたりしたときは、契約している携帯電話の会社へ連絡し、一時的に利用を停止してもらいましょう。連絡方法は各携帯電話会社のウェブサイトで確認してください。

2 画面をロックする

第三者に勝手に利用されないように画面をロックします。iPhoneの場合は別の端末から「iPhone を探す」で遠隔ロック。Android の場合も別の端末から「デバイスを探す」を使って、遠隔ロックをしましょう。

3 アプリの利用を停止する

キャッシュレス決済やネットバンキング、交通系カードは、画面をロックできないと簡単に使われてしまいます。そのため、すぐに利用停止の手続きを。どのようなアプリを入れているかはリスト化しておきましょう。

身分証をなくした&盗まれたときにやるべきこと

第三者による悪用を防ぐために、必ず被害届を提出しましょう。

1 各関係機関に連絡する

運転免許証や健康保険証、マイナンバーカード、パスポートなど身分証となるものを紛失・盗難に遭った場合は、すぐに関係する各機関に連絡をしましょう。

2 信用情報機関に申告する

信用情報機関に身分証などが盗難されていることを本人申告することで、不正利用をある程度防ぐことができます。

指定信用情報機関(CIC)
0570-666-414
日本信用情報機構(JICC)
0570-055-955

3 再交付の手続きをする

運転免許証は警察署や運転免許試験場、保険証は勤務先（社会保険）やお住まいの市区町村役場（国民健康保険)、マイナンバーカードはお住まいの市区町村役場など、それぞれの交付先で再交付を。

いざというときのための緊急連絡先リスト

強盗、詐欺、事件に遭った

強盗や詐欺、事件に遭遇したとき、巻き込まれたときはすぐさま警察へ「110番」。「これ詐欺かもしれない」と疑わしい場合や、あやしい行動をする人を目撃した際にも連絡しましょう。

110番
警察

急病、ケガ、火事、事故に遭った

具合が悪い、ケガをした、火事を発見した、事故に遭遇したときは消防・救急へ「119番」をしましょう。

119番
消防・救急

海での事故

海上や海の近くで事件・事故に遭遇した場合は、海上保安庁へ「118番」をしましょう。

118番
海上保安庁

子どもが虐待を受けている

子どもに対する虐待を目撃した場合は、児童相談所虐待対応ダイヤルへ「189番」をしましょう。

189番
児童相談所虐待対応ダイヤル

その他

最寄りの警察署や交番

最寄りの警察署や交番の電話番号を紙に書く以外に、スマホにも登録しておきましょう。

クレジットカード会社

持っているクレジットカードの裏に記載されているカード会社の連絡先を控えておきましょう。

家族や友人の連絡先

家族や友人の自宅、携帯、会社の電話番号をスマホに登録する以外に、紙にも控えておきましょう。

巻末にある「切り取って使える！ 緊急連絡先リスト」を本書から切り離し、固定電話の前や冷蔵庫などの目立つところに貼っておきましょう。

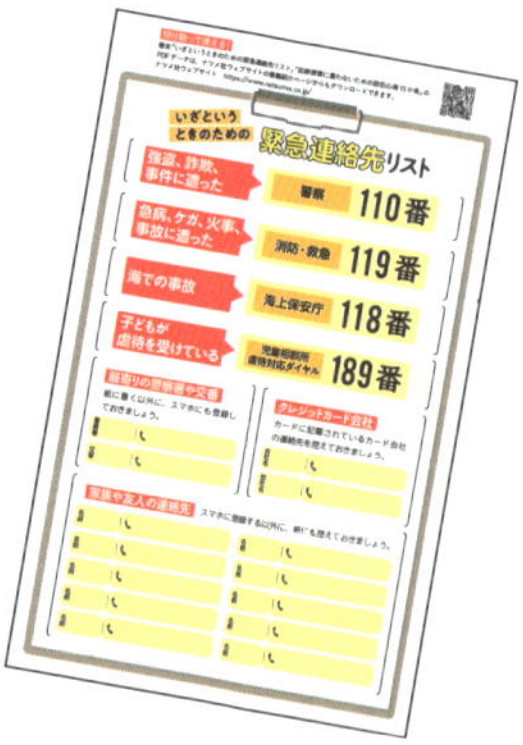

ちょっと困ったときのための 相談内容別連絡先リスト

警察に相談したい

犯罪や事故は発生していないけれど、悪質商法やストーカー、DVなど警察に相談したいことがあるときは、警察相談専用電話「# 9110」に電話をしましょう。

#9110
警察相談専用電話

詐欺かもしれない

購入した商品があやしい、不適切な表示に関するトラブル、製品やサービスなどによる危険や危害などについて相談したい場合は、消費者庁の消費者ホットライン「188 番」を利用します。

188番
消費者ホットライン

救急車を呼ぶか迷ったら(大人)

急な病気、ケガなどで救急車を呼ぶかどうか迷ったときは、救急安心センター「# 7119」へ電話しましょう。24 時間 356 日対応してくれます。

#7119
救急安心センター

病院へ行くべきか迷ったら(子ども)

子どもの急な病気、ケガなどで病院を受診すべきか迷ったときは、こども医療でんわ相談「# 8000」へ電話しましょう。休日、夜間なども相談可能です。

#8000
こども医療でんわ相談

性犯罪に関する相談

犯罪によって心に深い傷を負った被害者やご家族のために、性犯罪被害者相談電話「# 8103」があります。年中無休、24 時間対応してくれます。一人で悩まず、相談しましょう。

#8103
性犯罪被害相談電話

詐欺や暴力団に関する警察への情報提供

特殊詐欺や暴力団、児童売春、薬物、児童虐待の情報など、警察への情報提供は匿名でも可能です。匿名通報ダイヤル「0120-924-839」へ通報しましょう。

0120-924-839
匿名通報ダイヤル

1つでも多く
実践して安心を！

防犯生活のポイントチェックリスト

安心して防犯生活を送るためのチェックリストです。
日頃からこめまにチェックしておきましょう。

毎日の行動

- □「ただいまー」と帰宅する
- □ スマホは常に持ち歩く
- □ 暗くなったらドレープカーテンを閉める
- □ 少し灯りを外に漏らす
- □ ニュースを毎日確認する
- □ カード類は人に渡さない
- □ クレジットカードの利用明細はこめまにチェック
- □ SNS に自宅などに関する情報をアップしない
- □ SNS に現在進行系の情報をアップしない
- □ スマホの GPS 機能はオフにする
- □ パスワードは定期的に変更する
- □ 自分の住む地域の犯罪情報はチェックする
- □ 不審車両を見かけたら、110 番か＃ 9110 に通報する
- □ カーテンの開けっ放しはしない
- □ 窓を開けたまま寝たり、生活したりしない
- □ あやしい電話はすぐに切る

毎日の行動

- [ ] 不審なメールは読まずに削除する
- [ ] すべりやすいスリッパは履かない
- [ ] 誤飲の原因をつくらない
- [ ] ヒートショックに気をつける
- [ ] ゴミは決められた時間に出す
- [ ] 個人情報がわかるものは、シュレッダーにかけて捨てる

外出時

- [ ] 防犯ブザーを持ち歩く
- [ ] 高額なお金、財産を持ち歩かない
- [ ] 着飾って出歩かない
- [ ] バッグの口は常に閉める
- [ ] バッグは肌身離さず持つ
- [ ] バッグは斜めがけか前で抱える。車道側で持たない
- [ ] 夜は街灯のある道を歩く
- [ ] どんなアンケートにも答えない
- [ ] フリー Wi-Fi には接続しない
- [ ] お金を下ろすときはまわりに注意する
- [ ] 駅のホームの白線から十分に距離をとる
- [ ] エスカレーターは歩かない
- [ ] 横断歩道は無理に渡らない
- [ ] 踏切は無理に侵入しない
- [ ] 夜道では反射材のついた服を着る

屋内

- [ ] 玄関、勝手口のドアには常に鍵をかける
- [ ] オートロックでも自宅の鍵はかける

屋内

- ☐ すべてのドアは2ロックする
- ☐ 玄関には男性ものの靴と傘を置く
- ☐ 窓ガラスは防犯フィルムを貼る、または防犯ガラスにする
- ☐ 通帳、印鑑は別々の場所に置く
- ☐ 多額な金品を自宅に置かない
- ☐ 動線上にコードを這わせない
- ☐ 足元灯・手すりをつける
- ☐ コンロの奥や横に調味料を置かない

屋外

- ☐ 少しの外出でも鍵をかける
- ☐ 下着などの洗濯物は室内干しに
- ☐ 外干しはシーツやタオルを一番外側に干す
- ☐ 郵便受けにも鍵をかける
- ☐ 郵便受けに郵便物をためない
- ☐ 置き鍵はしない
- ☐ 表札を新しくする
- ☐ インターホンは門扉につける
- ☐ ガレージに門がなければ、ロープやチェーンなどを張る
- ☐ センサーライトなどで自宅まわりを明るくする
- ☐ 玄関には防犯カメラを設置する
- ☐ イルミネーションを飾る際は注意する
- ☐ 死角にはAIカメラと防犯砂利を設置する
- ☐ 足場になるものを家の外に置かない

訪問者

- [ ] 一人っきりのときは友人でも自宅に入れない
- [ ] 用件はインターホンで済ます
- [ ] 荷物の受け取りは宅配ボックスか玄関前に置いてもらう
- [ ] 宅配でも、人に会うときはドアガード越しに対応する
- [ ] 知らない荷物は受け取り拒否する
- [ ] 電気・ガスの定期点検は事前に日程を確認する
- [ ] 突然の点検には応じない
- [ ] 訪問者に情報を教えない

家族

- [ ] 同居している家族宛の荷物は情報を共有する
- [ ] 離れて住む家族とも定期的に連絡をとる

自転車

- [ ] 鍵は二重にする
- [ ] 交通ルールを守って乗る
- [ ] 自転車用ヘルメットを被る
- [ ] カゴにはひったくり防止カバーをつける
- [ ] スピードの出しすぎには注意する

車

- [ ] 貴重品を車内に置かない
- [ ] ドライブレコーダーをつける
- [ ] 逆走や踏み間違いに注意する

ないための

15か条

「対策しておけばよかった」と後悔しないためにも、心得ておきましょう。

1 「自分だけは大丈夫」と過信しない……P.72

2 今まで大丈夫だったは通用しない……P.22

3 常に「鍵をかけた生活」を習慣化する……P.35

4 インターホンが鳴っても玄関をすぐに開けない……P.47

5 置き鍵はしない……P.35

6 家族以外は家に入れない……P.50

7 不審な電話はすぐに切る……P.74

8 人にお金・カードを渡さない……P.78

犯罪被害に遭わ

防犯心得

いつ何の犯罪に巻き込まれるかわかりません。

9 大金を自宅に置かない、持ち歩かない …… P.55

10 「自分はターゲット」だと警戒する …… P.55

11 スマホは常に携帯する …… P.92

12 家族や友人とは日頃から連絡を取り合う …… P.106

13 SNSに「今」の情報を投稿しない …… P.82

14 最新の犯罪・詐欺事件の情報をチェックする …… P.28

15 いざというときはすぐに通報する …… P.132

おわりに

防犯の基本は「今すぐ」！被害に遭ってからでは遅い

防犯のコツ110をご確認いただけましたか？　今日からでも取り入れることができるものも、数多くあったのではないでしょうか。

防犯対策は、「後でやろう」と後回しにしてはいけません。犯罪被害に遭ってからでは遅いのです。さらに、命を落としてからでは遅すぎます。今すぐにでもできることから始めましょう。そのうえで、防犯グッズを活用し、自宅を「犯罪者にとって都合の悪い家」に強化していきましょう。

本書で紹介しきれなかった「防犯のコツ」は日本防犯学校が配信するＹｏｕＴｕｂｅ「梅と桜の防犯チャンネル」で紹介しています。こちらも併せてご覧ください。それでも不安な場合は、日本防犯学

校までお問い合わせください。インターネットで「日本防犯学校」と検索いただき、開いたページの右上にある「お問合わせ」から、ご相談が可能です。

自宅の防犯に関する問題点を少しでも減らし、犯罪被害に遭う人が一人でも減ることを切に願っております。大切な人の命と財産を守るためにも、ぜひ家族や友人と情報を共有して、一緒に防犯対策を再度確認しましょう。まずは行動あるのみです。

日本防犯学校　学長　**梅本正行**

副学長　**桜井礼子**

財産だけでなく、
命もしっかりと
守りましょう

YouTube

梅と桜の防犯チャンネル

日本防犯学校の学長梅本正行と副学長桜井礼子が配信する「梅と桜の防犯ンチャンネル」。我が家と地域を守るための正しい防犯のノウハウを紹介しています。定期的に防犯に関するライブ配信も行っております。ぜひチャンネル登録してご覧ください。

●監修者プロフィール

梅本正行（うめもと・まさゆき）

日本防犯学校学長。1964年からセキュリティ事業に参入し、警察署での署員特別教養講師や犯人逮捕への協力など、警察からの感謝状は400枚を超える。現場には極力足を運び、犯罪現場の環境や犯行手口など、事件の内容を検証。その数は8,000件を超える。現在、犯罪者心理を知り尽くしたプロの目で、防犯ジャーナリストとして活躍。予知防犯を提唱している。防犯法の設立を目指している。

桜井礼子（さくらい・れいこ）

日本防犯学校副学長。「日本初の女性防犯アナリスト」として、防犯界の第一人者・梅本正行氏に18年間師事し、事件現場の検証と取材に携わる。女性・母親・高齢者の親を持つ立場から、自分自身でできる防犯対策をはじめ、子ども・高齢者・女性を守る防犯対策をわかりやすく解説。

日本防犯学校

2014年設立の一般社団法人。学長・梅本正行が提唱する、犯罪を未然に防ぐ「予知防犯学」を社会に浸透させることを目的とする。市民の防犯意識の改革、防犯対策の指導者の育成、セキュリティ産業の発展に寄与する活動を実践している。

●4章監修

国崎信江（くにざき・のぶえ）

危機管理アドバイザー。「危機管理教育研究所」代表として、女性·生活者の視点で防災·防犯·事故防止対策を提唱。内閣府、文部科学省、国土交通省、東京都など公的機関で防災·震災·減災などに関する評価委員会の委員や戦略コーディネーターを務める。大人や子ども向けの防災・防犯本の著書多数。

●スタッフ

本文デザイン…………島村千代子
イラスト・マンガ………藤井昌子
編集協力・執筆………株式会社レクスプレス
編集担当………………柳沢裕子（ナツメ出版企画株式会社）

本書に関するお問い合わせは、書名・発行日・該当ページを明記の上、下記のいずれかの方法にてお送りください。電話でのお問い合わせはお受けしておりません。
・ナツメ社 web サイトの問い合わせフォーム
https://www.natsume.co.jp/contact
・FAX（03-3291-1305）
・郵送（下記、ナツメ出版企画株式会社宛て）
なお、回答までに日にちをいただく場合があります。正誤のお問い合わせ以外の書籍内容に関する解説・個別の相談は行っておりません。あらかじめご了承ください。

ナツメ社Webサイト
https://www.natsume.co.jp
書籍の最新情報（正誤情報を含む）はナツメ社Webサイトをご覧ください。

シニアの命《いのち》と財産《ざいさん》を守《まも》る
実家《じっか》の防犯《ぼうはん》 110のコツ

2024年9月2日　初版発行

監修者　梅本正行《うめもとまさゆき》
　　　　桜井礼子《さくらいれいこ》
発行者　田村正隆

Umemoto Masayuki,2024
Sakurai Reiko,2024

発行所　株式会社ナツメ社
東京都千代田区神田神保町 1-52 ナツメ社ビル 1F（〒101-0051）
電話　03（3291）1257（代表）　FAX　03（3291）5761
振替　00130-1-58661

制　作　ナツメ出版企画株式会社
東京都千代田区神田神保町 1-52 ナツメ社ビル3F（〒101-0051）
電話　03（3295）3921（代表）

印刷所　株式会社リーブルテック

ISBN978-4-8163-7610-8　Printed in Japan
〈定価はカバーに表示してあります〉〈落丁・乱丁本はお取り替えいたします〉

本書の一部または全部を著作権法で定められている範囲を超え、ナツメ出版企画株式会社に無断で複写、複製、転載、データファイル化することを禁じます。

切り取って使える！

巻末「いざというときのための緊急連絡先リスト」「犯罪被害に遭わないための防犯心得15か条」のPDFデータは、ナツメ社ウェブサイトの書籍紹介ページからもダウンロードできます。
ナツメ社ウェブサイト　https://www.natsume.co.jp/

いざというときのための緊急連絡先リスト

強盗、詐欺、事件に遭った	警察	110番
急病、ケガ、火事、事故に遭った	消防・救急	119番
海での事故	海上保安庁	118番
子どもが虐待を受けている	児童相談所 虐待対応ダイヤル	189番

最寄りの警察署や交番

紙に書く以外に、スマホにも登録しておきましょう。

警察署	
交番	

クレジットカード会社

カードに記載されているカード会社の連絡先を控えておきましょう。

会社名	
会社名	

家族や友人の連絡先

スマホに登録する以外に、紙にも控えておきましょう。

名前		名前	
名前		名前	
名前		名前	
名前		名前	
名前		名前	

キリトリ線からカッターなどで切り離し、目立つところに貼りましょう。

切り取って使える！

巻末「いざというときのための緊急連絡先リスト」「犯罪被害に遭わないための防犯心得15か条」のPDFデータは、ナツメ社ウェブサイトの書籍紹介ページからもダウンロードできます。
ナツメ社ウェブサイト　https://www.natsume.co.jp/

キリトリ線からカッターなどで切り離し、目立つところに貼りましょう。

犯罪被害に遭わないための
防犯心得15か条

いつ何の犯罪に巻き込まれるかわかりません。「対策しておけばよかった」と後悔しないためにも、心得ておきましょう。

1 **「自分だけは大丈夫」**と過信しない

2 **今まで大丈夫だった**は通用しない

3 常に**「鍵をかけた生活」**を習慣化する

4 **インターホンが鳴っても**玄関をすぐに開けない

5 **置き鍵**はしない

6 **家族以外**は家に入れない

7 **不審な電話**はすぐに切る

8 人に**お金・カード**を渡さない

9 **大金**を**自宅**に置かない、持ち歩かない

10 **「自分はターゲット」**だと警戒する

11 **スマホ**は**常に携帯**する

12 家族や友人とは日頃から**連絡を取り合う**

13 **SNS**に**「今」の情報**を投稿しない

14 **最新の犯罪・詐欺事件の情報**をチェックする

15 いざというときは**すぐに通報**する